文章作法入門

為田英一郎・吉田健正 ● 著
TAMEDA Eiichiro & YOSHIDA Kensei

ナカニシヤ出版

はじめに

「文章を書くのが、苦手ちゅうの苦手。書けといわれたとたん、頭の中が真っ白になって、汗ばかり出る」。学生たちからそんな話を聞かされるのは毎度のことです。「書く」ことを嫌う人が増えているようです。

書かない、書こうとしない、だから書けない。書かないでやりすごすことばかりを考える。ますます書けなくなる。気をふるいたたせて書こうとしても、いったい、どんなふうに書いたらよいのか、その書き方を考えるところでつまずいてしまう。書くのがつらい、書くのが嫌だ、ついには書くことに憎悪に近い感情さえいだくようになる。そう訴える若い人たちが周辺にたくさんいます。

でも、不得意だから、嫌いだからといって、「書く」ことと無縁の日々を過ごすわけにはいきません。

「書く」ことは、「話す」ことと並んで、コミュニケーションの基幹をなす営為ですから、避けて通れるものではないのです。高度情報化社会の出現で特徴づけられるいまの時代はとくに、「書く」ことが以前のどの時代よりも重要な意味をもつようになってきています。自分のメッセージを正確に相手に伝えられるかどうかで、時代を生き抜く適性の有無が判定される、そのような社会に変わってしまったのです。自己表現を通しての自己実現が強く要請されている時代、そういってもよいでしょう。

では、何をしたらよいのか。

答えは、はっきりしています。

「書く」ことから決して逃げない。「書く」ことを日常のものとする、つまり「書く」習慣を身につけてしまう。この二つです。これらの目標が達成できたとしたら、あなたの学生時代は、もうそれだけで、おつりがくるほど豊かなものになったといえるのではないでしょうか。その努力の結実は、社会に出たあと大きな自信に変わって、あなたを支えていくに違いありません。
　加えてもう一つ、大事なことがあります。楽しんで書こうではないか、書くことをもっと楽しんでみようじゃないか、ということです。
　いくら「書く」ことが大切でも、いやいや受験勉強に取り組むようなやりかたで表現法を学ぼうとするのでは、文章を書くコツを体得するのに無理が生じます。ほんとうのところ、楽しんで「書く」のでなければ文章作法は身につくものでないのです。とはいえ、最初から楽しんで書くというのは文章嫌いの人には無理な相談でしょうから、まずはがまんして書いてみる。ここからが大事です。次に読んでみる。そして、もう一回書いてみる。また、読み返す。前よりよくなっているな、と思う箇所がきっとある。それがみつかったら、どこがどのようによくなっているのかを自分で点検してみる。こういうことを5回か6回繰り返してごらんなさい。「書く」ことがそんなに苦痛でなくなっている自分をそこに発見します。10回つづけてみれば、もう大丈夫。書くスピードは上がっているでしょうし、自信もわいてくる。「書く」ことがだんだん楽しくなってくるはずです。
　「書く」ことへの関心が高まってくるわけですから、「読む」力も伸びます。他人が書いた文章への対し方が変わってくるのです。敬意を払いながら、その説くところを正面からしっかり受け止め、書き手の発するメッセージを正確に読みとることができるようになります。「書く」能力と「読む」能力が格段に伸びるのです。このあたりにまでたどりつけば、あなたはそれまでの自分に比べてずっと快活で、積極的で、個性的な、そのような自分に変身していること

に気づくに違いありません。「書く」、つまり「自己表現」をするということは、このようにすばらしい「自分探しの旅」につながるのだということを、ぜひ体験してほしいのです。自己表現を通しての自己実現とはそのようなプロセスを指していうのです。

　あらかじめお断りしておきますが、本書はあくまで自己表現のトレーニングの助けにと編集された本です。達意の文章が書けるようになろうと心に誓っているような人には、おそらく本書は役に立たないと思います。この手引書が、言葉をむだに飾りたてない、派手な表現を努めて排除するという路線を歩もうとしているものであることを考えあわせれば、旧来の名文家の筆致とはむしろ逆の方向をめざしている本だということがわかるはずです。

　内容に触れるなら、この書は、論理的な思考と実証的で客観的な記述を生命とする論文、レポートの書き方に重点を置いて書きすすめています。「論」を展開する前段階にあたるリサーチ（考え、調べ、また考える、さらに調べ、筋道だった文につながる思考にまとめあげる）に力点を置きました。「楽しみながら書こう」との呼びかけを発しながら、いまは、自分のメッセージを相手に正確に伝える技術を磨く道から歩み出すことが何よりも大切だと考えたからです。

　本書のほとんどのページの下段には、「これだけは知っておいてほしい」との願いを込めて、言葉・文字にかかわるミニ情報欄が設けられています。初歩の初歩をめざして、やさしく平易に、しかも実用性を第一に考えて本書をまとめたことがおわかりいただけるでしょう。と同時に、ただのハウツーものに終わらせることなく、読者のみなさんに21世紀を生き抜く若者にふさわしい発信型の地球市民になってもらいたいと念じ、「書く作業を通して考える習慣を身につける」ことを主旋律に、一貫編集しました。自己実現をめざす若者をサポートする本であると自負しています。

　　　　　　　　　　　　　　　　　　　　　　　著　者

目　　次

1．文をつくる基本 …………………………………… 1
 (1)「独りよがり」に決別　**1**
 (2) あいまいさを排し、簡潔に書こう　**4**
 (3) 具体的に書くことで、「イメージの共有」を　**9**
 (4) 読む人の目に優しく、読みやすく　**11**

2．小論文の書き方 …………………………………… 19
 (1) 作文と小論文の違い　**19**
 (2) 文の組み立て、論の展開　**22**
 (3) 論証（論拠の提示）　**27**
 (4) 課題小論文に強くなるには　**32**

3．レポートの書き方 ………………………………… 37
 (1) 作文・感想文とレポートの違い　**37**
 (2) 書くことは考えること　**41**
 (3) レポートの必要要素　**46**
 (4) レポートの構成　**51**
 (5) レポートの書き方　**54**
 (6) レポート作成の注意事項　**62**
 (7) ブック・レポートの書き方　**67**

4. 卒業論文の書き方 ･･････････････････････････････････････ 69
  (1) 論文作成の作法　**69**
  (2) 卒業論文の形式　**76**
  (3) 序論・本論・結論　**79**
  (4) 引用・注記・文献目録　**87**
  (5) 卒論の意義　**87**

5. 手 引 き ･･ 89
  (1) 原稿用紙やレポート用紙に書く、ワープロで書く　**89**
  (2) 符号の使い方　**95**
  (3) テーマの発見、リサーチの方法　**98**
  (4) 著作権のルール、引用資料の扱い方　**105**
  (5) インターネット利用の基礎知識　**119**
  (6) 用字・用例・用語集　**125**
  (7) 手紙・電子メールの要注意事項　**129**

  索　　引　**149**

第1章
文をつくる基本

(1)「独りよがり」に決別

　ひとくちに文章といっても博士論文・修士論文・卒業論文あり、研究レポート、小論文あり、作文あり、手紙や電子メールありで、表現や構成を含めた書き方が違ってきます。小論文と作文では、客観主義に立つのか、それとも自分の気持ちを大切にして主観に徹するのかなど、基本のスタンスまでが変わります。

　でも、文章は文章です。他者に自分の思いを伝える表現行為であることに変わりはありません。何をどのように書くにしても、これを欠いてはいけないという必須の条件があるはずです。文章を文章として成り立たせるための構成要素について考えるところから本書を始めることにします。

　まずは、次の文を読んでみましょう。文章としてのできばえを、あなたはどのように採点しますか。

国語の基礎体力を高めよう
笑われているよ！
　言葉の乱れが問題になっています。以下、若いひとたちの国語力の低下を取り上げた新聞記事などを紹介してみます。ただし、正しいとされる語法、あるいは世間で広く受容されているふつうの言葉遣いなどはここに載せません。自分で調べ、自分で考えることが大事です。

1. 文をつくる基本

> 遠足に行きました。
> とても楽しかったです。　　　　　　　　　　［例文1-1］

　読めば、遠足に行ったことがわかる。楽しんだらしい。そのこともわかります。文（言葉の連なり）としての最低の条件を満たしているのだから、十分ではないか。そのような評価になるのかもしれません。しかし、読んだあと、伝わってくるものが希薄です。訴えてくるものがない。やはり、小学1、2年生の絵日記の1ページにとどめておく程度の文章のように思われます。

　ところが、大学生になっても、このレベルを卒業できずにいる人が多いのです。表現が稚拙なためでもありますが、文を書くにあたって、他者（この場合は文章の読み手）の存在がまったく考えに入っていないのです。自分だけがわかっていればそれでよいとする、独りよがりの姿勢は改めなければなりません。読む側への配慮を欠いた態度をとることをみずからに厳しく禁じる、そのことからわたくしたちの文章作法は始まります。文章をつくるにあたっても、大切なのは読み手に対する気配りなのだということを覚えておきたいものです。

　［例文1-1］の欠点は、メッセージの伝達という、本来、文章がになうべき役割がまるきりできていないところにあります。自分だけはわかったつもりになっているけれども、読む側には遠足で得た彼（彼女）の興奮、感激、感動はまったく伝わらない。「遠足に行った」

笑われているよ！
　「けんもほろろ」という日本語について10代に聞いた。「使ったことがある」は1％。「使ったことはないが意味はわかる」が17％、「使ったこともないし意味もわからない」は78％。文化庁の世論調査から（『朝日新聞』2002年6月20日朝刊）。

(1)「独りよがり」に決別

「楽しかった」以外のメッセージを何一つ発信していません。「悪文の典型」と決めつけてもよさそうですが、ここではむしろ、文章を書くに際してのもっとも初歩的な段階の作品という意味で、「文の原型」とみなすことにしましょう。文章をつくる作業は、つまるところ、この原型に工夫を加え、付加価値を高めることにほかなりません。この努力を怠ると、例文のような中身の貧しい文で終わってしまいます。

どこへ、誰と、何で（電車、貸し切りバス、あるいは徒歩など）行ったのか。どのような状況（天候や、前夜はぐっすり眠れたか、行った先の混みぐあいなど）だったか。何を見て、何で遊んだのか。何が気に入って、どれほど楽しかったか。「遠足に行った」という事実を伝える幹から何本もの説明の枝が出て、葉がつき、ときに花が咲き、実がなって、そこではじめて文章が成立するのです。

「楽しかった」。書いた本人はほんとうに楽しかったのに違いありません。心底、そう思って書いています。でも、この文章を読む他人にも「そうだったのか。なるほど十分に楽しんだのだな。よかったね」と納得してもらうためには、どれだけ自分が興奮したか、どれほど嬉しかったか、どんなに笑ったか、いかに満足したかについて、ていねいな説明が必要になるのです。ここでいう「説明」は「描写」と言い換えて理解することもできます。描写力を身につけて、版木に彫りつけるように言葉を刻み込んでいくのです。

文章をつくるときに求められるのは、やはり、読む側への気配りなのです。いまの自分の気持ちをわかってほしいな、こう書いたら理解してくれるかな、そのように考えをめぐらして文を組み立てて

笑われているよ！
　前項と同じ文化庁の調査結果。「『つとに』については、10代で『使ったことがある』0％、『使ったことはないが意味はわかる』10％、『使ったこともないし意味もわからない』85％。『よんどころない』『言わずもがな』も、意味がわかっているのは3分の1にすぎなかった」（『朝日新聞』同）。

いくのです。相手のことなどおかまいなし、という人には共感を得られる文章は書けません。例文のような独りよがりの文章を書くことからの卒業、それが最初の課題です。いまふうに語るなら、自己チュウ（自分中心）に決別。そこからすべてが始まるのです。

(2) あいまいさを排し、簡潔に書こう

　自分のメッセージをきちんと相手に伝える、それが大切だと述べましたが、そのためには、どのような工夫をしたらよいのでしょうか。

　第一に、文の核になる部分をあいまいにしないことです。

　「誰が、何をしたのか」「何が、どうなったのか」と、主語と述語がはっきりしている文章を心がけなければなりません。[例文1-1]でいうなら、私はいつ、誰と、どこへ遠足に行ったのか、それでどうだったのか、について明確に記述することが大事です。説明不足の、あいまいな表現は、読み手を欲求不満にします。

　かつて新聞記者であった著者たちはともに新人のころ、記事を書くときは「5W1H」の原則を絶対に守れ、ときびしく叩き込まれたものです。誰が（who?）に加えて、いつ（when?）、どこで（where?）、何を（what?）、なぜ（why?）、どのようにして（how?）が記事を書くのに欠かせない構成要素だというわけです。あなた方は新聞記事を書こうとしているのではありませんから、一つの文に6要素すべてを盛り込まなければならないなどと窮屈に考える必要

笑われているよ！
　翌年の文化庁の調査。「気が置けないは、『遠慮しなくてよい』が本来の意味だが、『遠慮しなくてはいけないこと』と、10代の57.1％が正反対の意味にとらえており、理解していたのはわずか23.2％。20代でも41.0％が逆の意味に受け取っていた」（『読売新聞』03年6月30日朝刊）。

はありませんが、誰かが何かをした、それはこんなふうだった、どうしてそうしたのか、といった形でわかりやすい記述に努めてください。

文章を書くに際しては、まず何が伝えるべき情報であり、何が不要なのかをよく吟味することが求められます。次に、伝えるべきメッセージを構成している要素をすべて取り出し、整理し、順序だてて書き込んでいきます。その努力をおこたると、文はコミュニケーションの機能を失い、ただの文字の羅列に終わってしまいます。

ここに紹介するのは、文部科学省による学習指導要領の改訂について批判を試みた学生の小論文の一部ですが、言おうとしていることがこちらの頭にすんなりと入ってきません。

(2) あいまいさを排し、簡潔に書こう

> 私が「ゆとり教育」に関して問題だと思うのは、現在、日本の高校生の約五割が大学に進学しており、この進学率はこれから先もさらに増加する傾向にあり、受験戦争はいっそう激化するのであるが、この事実を無視して「ゆとり教育」を推し進めると、子どもたちは塾へと行かねばならなくなるのでないかということなのだ。知り合いの小学校教師は、全国の公立学校が文部科学省の圧力のもとで一斉に土曜日完全休日制に踏み切ったが、一方で、私立学校はそれに従わずに授業をするという現実があり、学力の差が広がるのが心配だと語っていた。金銭的に余裕のある家庭の子は心配ないが、豊かでない家庭の子は塾にも行けずに取り残され、たしかに、その差

1. 文をつくる基本

> は広がるばかりになる。真の「ゆとり」が子どもたちに
> 与えられないことに怒りを覚える。　　　［例文1-2］

　ふつうには、「私が問題だと思うのは〇〇〇である」という形でおさまる文のはずです。ところが、この例文の場合、筆者の思いが先に走ってしまい、一つの文に論点となる材料が未整理のままいくつもほうり込まれています。そのために、文章の核になる部分がみえてきません。問題視しているのが大学進学率の急上昇なのか、受験戦争の一層の激化なのか、それとも子どもらの学習塾通いの足が止まらないことなのか、さっぱりつかめないのです。主語と述語の関係が鮮明になっていないからです。後半の部分も、わかりにくい。知り合いの小学校教師が公立と私立の学力の差が広がるのが心配だと語ってくれたようなのですが、主語と述語の間にいろいろな言葉が入り込んできて、読み手は迷子になってしまいます。

　核になる部分をあいまいにしないということは、決して難しい訓練を必要としません。主語と述語の関係が簡単に読みとれる、単線型（シンプル）の文を多く書くようにすれば解決するのです。下記の［例文1-3］を参考にしてください。

　第二に覚えてほしいのは、文は簡潔なほどよい、ということです。まずは例文のもつれた論理の糸をほどいてみることにしましょう。

> 　私が「ゆとり教育」に関して問題だと思うのは、過熱

笑われているよ！
「この文化庁の調査は読書についても聞いた。『1ヵ月間にまったく本を読まなかった』と答えた10代は男性が38.2％、女性31.6％。若者が慣用句に弱いのは、読書の機会が減ったことが要因だろう、と国立国語研究所はみる」（『読売新聞』同）。

> する受験戦争を解消させる手だてを講じないままに、学校の土曜完全休日制を実施しようとしている点である。現在、日本の高校生の約五割は大学に進学しており、この進学率は今後も高まるとみられる。競争が激化するのは明らかなのに、その事実を無視して「ゆとり教育」を推進しようとするのだから、受験戦争の敗者になることを恐れる子どもたちは、学校が休みになった土曜日に塾へ駆けつけて後れを取り戻そうとする。これでは真の「ゆとり」は生まれようがないではないか（以下、略）。
>
> [例文1-3]

例文の筆者の主張が正しいのかどうかはさておいて、少しでも筋道立った文章に変えようとすると、上記のようになります。ここで学んでおきたいのは、文章は（とくに論理的であることが問われる論文やレポート、小論文では）重文や複文の多用をなるべく避けたほうがよい、ということです。単文の積み重ねに習熟することを勧めます。

単文とは「私は遠足に行きました」（[例文1-1]）のように、一つの主語と一つの述語からなる文です。重文は単文と単文を接続詞や接続助詞などでつないだ文を指し、複文は単文のなかにもう一つの単文が入り込んでいるような文をいいます。複文のなかに他の文をさらに包み込んだ文はふつう複合文と呼びます。

笑われているよ！
「国立教育政策研究所の調査によると、小学校1年で習う『川下（かわしも）』の漢字を正しく書けたのは、4年以上の小学生で82％、中1～3年生83％、高校1、2年生が90％。小学4年で覚える『積んだ』を書けない高校生が50％近くにのぼった」（『読売新聞』02年8月7日朝刊）。

1. 文をつくる基本

> 　いまwの分野ではxだとされるyは若いころ、zという幸運に恵まれ、人気者になったが、その後あっというまにzはすたれ、yも苦しい立場に置かれたにもかかわらず、人気絶頂の時代に努力を怠らずに精進をつづけたのが実ってwの世界でゆるぎない座を占め、xだとの評価をゆるぎないものにした。
> 　　　　　　　　　　　　　　　　　　　　　［例文1-4a］
>
> 　若いころ、yはすでに人気者だった。zという幸運に恵まれたのだった。ただ、zはいつまでもつづきはしなかった。しかし、yは絶頂期にも努力を怠らずに精進をつづけたので、ほんとうの才能を自力で開花させ、wの世界でのxだとの評価をゆるぎないものにした。
> 　　　　　　　　　　　　　　　　　　　　　［例文1-4b］

　二つの文を比べてみてください。［例文1-4b］は句点「。」が四つもあります。これに対し、上の［例文1-4a］は句点が一つしかありません。つまり［1-4a］は複合文なのです。たたみかけるように単文を重ねている下の文章のほうがずっと読みやすいはずです。上の文ではwとxが余計に入っているせいか、冗長な感じも残ります。いちがいに重文、複文、複合文を否定するものではありませんが、文は単文を基調に書きすすめたほうが書き手の意図が明快に読み手に伝わるものなのです。もったいぶらず、構えず、平易に書いていくのがよいのです。また、単文は短文につながってきます。リズム感も出て、流れのよい文章になります。

笑われているよ！
　「『おもいこんだらしれんのみちを』。アニメ『巨人の星』の主題歌の歌い出しです。これを『コンダラ』という重い物があると思い込んだ人はわりと多いようです」（「校閲インサイド」『毎日新聞』03年9月9日朝刊）。

(3) 具体的に書くことで、「イメージの共有」を

第三点として挙げておきたいのは、記述は具体的であるのが一番だ、ということです。

> （A） 駅を降りて大学までの道を歩いてみた。とても遠かった。5分待ってバスに乗ればよかったのに、と後悔した。
> （B） いつもの電車に乗っていると、けさも隣の駅から彼女が同じ車両に乗り込んできた。やはり、美しい人だった。
> （C） 中学時代は部活、部活の毎日でした。帰るともうぐったりして、勉強どころではありませんでした。
> [例文1-5]

ここに三つの例を出してみましたが、どの文を読んでも欲求不満がつのります。説明（描写）が足りないのです。（A）の場合は「遠い」のはわかるとして、いったい、どのぐらいの距離だったの、と聞き返したくなってしまいます。ずばり、〇.〇キロほどの道のりと書いてくれたなら、疑問は生じなかったのです。もう少し工夫して「たどりつくまで二つの小学校と三つの郵便局の前を通り過ぎた」などと書くと、文章全体がふくらみをもってきます。次には、

笑われているよ！
「若い世代が『丼』という字をどのぐらい読めるか調べてみた。『牛丼』は調査対象の大学生全員が正しく読めた。ところが、『丼勘定』はというと、『どんかんじょう』との答えが目立ち、正答率は75.8％にとどまった」（『朝日新聞』01年11月24日朝刊）。

どのような道なのかという描写もほしくなります。山道だとか、住宅街をつらぬく道か、いくつかの急な坂のある曲がりくねった道なのか、などです。

（B）については当然のこと、美人だ美人だと一人で喜んでいないで、どういうタイプの女性なのか、とりわけ印象的なのは目なのか、鼻なのか、髪の毛なのか、それともスタイルなのか、もっと特徴を語ってくれよ、と仲間にせきたてられるはずです。それに、年齢をどのぐらいと見たか、背は高いのか低いのか、学生ふうなのか、会社づとめに見えるのか、最低限、そのぐらいの描写は必要でしょう。力惜しみをしてはいけません。

（C）の場合は、一読してこれといった欠点がみつからないかもしれません。でも、工夫をすれば、さらに文は訴える力を増し、いきいきと輝いてくるはずです。

たとえば、「部活」とある記述です。この箇所を「卓球部の練習」とか、「日が暮れてもなおつづく野球部の猛ノック」とでも書いていたなら、印象がよけいに鮮明になるではありませんか。そう記すだけで、冷気がしのび寄る山あいの中学校で、そこだけ明かりがこうこうとともっている体育館が目に浮かんできます。荒い息、汗まみれでラリーをつづけている選手たちの姿も見えてきます。野球部と書けば、ノックバットをふるうコーチの声やドロにまみれた野手たちのユニフォームまでがイメージできます。具体的に書くことによって、読む側はずっと書き手に近寄ってきてくれるのです。

いま、イメージと書きましたが、そうです、このイメージこそがもっとも重要なキーワードなのです。書き手がイメージしたものを、

笑われているよ！
「『わたし的にはそう思う』。断定を避ける『ぼかし言葉』が広がっている、と文化庁の国語調査。10代でみると、42.0％がこういう言い方をしていると答えた。こうした状況について、調査対象の全世代85.5％が国語は乱れていると指摘した」（『朝日新聞』00年5月24日朝刊）。

読み手はまったく同じイメージで受け止めてくれる。この「イメージの共有」が成立するように文をつくるのです。

　花が散った。

　海が光る。

　男はひたすら走りつづけるのだった。

　森は黒く沈み、呼吸を止めたかのように動かなかった。

　いろいろな描写がありますが、書き手のイメージした「花」「海」「走る男」「闇」が読み手のイメージと一致しないようでは困るのです。雪国の遅い春のなかに身をおいて、散りゆく桜の花びらを目で追いながら、別れた人のことを想っているという情景を筆者は描いたつもりなのに、読む側が南国の紅く燃える肉厚の花だと勘違いして受け止め、灼熱の恋の始まりに胸おどらせるなどというこっけいな食い違いがもし生じたとしたなら、その責めは書くべきものを具体的に書き表す努力をおこたった書き手の側が負わなければなりません。

　「イメージの共有」。自分が心のなかに描いたイメージが、それと同じイメージで読み手に伝わるように、丁寧に、正確に、具体的に、簡潔に、文をつくる。その心構えが求められているのです。

(4) 読む人の目に優しく、読みやすく

　魅力的な文章をつくろうと思い立つ。上手に書こう、どこか一カ所でよいから素敵な表現を盛り込んでみたい、読み手を感動に引き

笑われているよ！
　「『ってゆうか、あたし的にはとりあえず、やめたほうがいいかな、とか、思ったりして……』。あいまい言葉のオンパレードともいえる若者たちの会話。『相手にきちんと伝わっていないのではと心配になる』と50代の主婦からの投書」(『読売新聞』02年5月28日夕刊)。

1. 文をつくる基本

ずり込んでみせるぞ、と肩に力が入ります。

　でも、ちょっと待ってください。ここは高望みを避け、まず文章作法の基礎を身につけることから始めたほうがよいように思います。初歩をきちんと学習しておくことが、結局は、近道なのです。ゆるやかだけれども辛抱を強いられる一合目、二合目の地道な山登りを敬遠して、いきなりヘリコプターで頂上をめざそうとしても、基礎ができていなければ尾根から転げ落ちるだけのことです。

　魅力的な文章をつくる。そう書きましたが、「魅力的な文章」とは、この場合、誰にとっての魅力なのか。そこから考え始めるのが正しい順序というものでしょう。

　「読み手にとっての魅力」が正解であることはいうまでもありません。名文を書こう、素敵な表現をひねり出してみよう、などと肩を怒らせている図はいかにも書き手本位の姿勢が勝ちすぎて、読み手不在の感じが強いように思えます。この際、「文は読み手のためのもの」「読み手のために文を書く」という原則を確認しておく必要があります。読む側への配慮を欠いては、文はその価値の大半を失ってしまうのです。

　では、読み手にとっての「魅力」とは何か。心が洗われる名文、リズミカルで気持ちの弾む達意の文、難解そうではあるが実は真理を冷徹に指し示してくれる導きの文、いろいろあるにしても、そのずっと手前、いまあなた方に求められているものは「読む気にさせてくれる」「読みやすい」「よく理解できる」「読んで不快にならない」という要素でしょう。入口のところで読み手に見捨てられてしまうような文章は、そもそもコミュニケーションの機能を放棄した

笑われているよ！
　「メーカーの課長は新人の一言にカチンときた。『支店とかに連絡とかしておきましょうか』。なぜ『支店に連絡する』と素直に言えないのか。そもそも『とか』は『連絡とか報告とか』のように、同類の事柄を並べて言う場合に使うものだ」（『読売新聞』02年5月13日夕刊）。

のも同然で、文章として成立しているとはいいがたいのです。ですから、まずは「読み手の目に優しい文」を心がけること、そこからトレーニングを積んでいくことです。

この項では、実際に文章を書くときの心得として、次の3点を挙げておきます。

改行

文章を書くうえでの決まりごとに、「一つの主題をもった文が終わる場合には、行を改めなさい」というものがあります。その改行を面倒くさがらずにやってほしいのです。読みやすい文章とは、この改行が上手にできている文をいいます。

パラグラフについてもここで説明しておきます。パラグラフとは、改行によってつくられた文章の固まりで、文段（段落）ともいわれます。パラグラフのひとつひとつはそれぞれの主題をもっていて、文章全体の論理を展開させていきます。パラグラフは、文章を構成する基本のブロック（角塊）です。いくつものブロックが結合することによって文章が完結するのです。改行が大事なわけです。

ただし、書く側が、主題ということだけを機械的に学習し、主題が終わらないうちは絶対に新しい段落には移らないなどと心に決めて書きすすめた場合、読み手にとって、その文章は悲惨なものになります。どこまで読んでも改行がこない、くたびれる文になってしまうのです。読むことが苦痛になってきます。途中でほうり出す人も出てくることでしょう。これでは「読み手の目に優しい」とはいえそうにありません。

笑われているよ！
「若者はなぜ『とか』を好むのか。『とか』には、物事を断定せず、あいまいな雰囲気をかもし出す効果がある。『傷つくことを怖がり、相手と距離を置いてつきあいたいという若者心理の表れなのではないか』と、文化庁は分析している」（『読売新聞』同）。

1. 文をつくる基本

　文意というものがありますから、いちがいに何行ごとに改行をするなどと決まりを示すわけにはいきませんが、改行もなしに20行以上の文を読まされるのには大いなる抵抗感がともないます。テンポのよい文章を書く人の改行の仕方を点検してみると、15行つづけたら、次は5行、その次は12行というように巧みに変化をつけています。主題がまだ終わっていないときでも、切れのよいところで改行して、リズム感のある文をつくっています。学びとりたい工夫です。

句読点

　句点とは「。」（マル）、読点とは「、」（テン）です。一つの文の終了を表す記号としての句点は、文末に打つことになっていますから、まず迷うことはないでしょう。使いかたに関しても、先に「文は簡潔に」と書きました。文をなるべく短く切っていくことを勧めたわけですから句点は多くなります。

　難しいのが読点です。読点の打ち方には、これといった決まりがないのです。あまりに読点が少ないのは改行がない文章と同じで読みにくい。かといって、文の切れ目をみつけてはただ機械的に読点をつけるような文章は流れが止まって、なめらかに読めない。多いのがよいか、少ないのがよいかは、結局、文意や文体によって変わります。

　読み手に誤解を与えないために打つという読点の機能は、覚えておく必要があります。読点を打つ位置によって、読み手の解釈が違ってくることがあるのです。

笑われているよ！
　「英文学者の外山滋比古（とやま・しげひこ）さんが、教え子のひとりから年賀状をもらった。添え書きにいわく、『先生の名前は何と読むのですか。私たち、ジビブルとお呼びしております』。下痢患者みたい、と外山さん」（「編集手帳」『読売新聞』03年1月23日朝刊）。

> 春子は泣きながら家を出ていく母を見送った。
> 　　（a）　春子は、泣きながら家を出ていく母を見送った。
> 　　（b）　春子は泣きながら、家を出ていく母を見送った。
>
> [例文1-6]

　一読してわかりますが、（a）では泣いたのが母であるのに対し、（b）で泣いたのは春子のほうでした。読点をいい加減に打つと、「イメージの共有」が崩れます。書き手と読み手の認識、理解はときに正反対に近い食い違いをみせるのです。読み手のために、読点は正確に慎重に打たなければなりません。

漢字の多用

　小中学生のころ、ノートにひらがな書きをしていると、親や学校の教員から「漢字を知っているのなら、ちゃんと漢字で書きなさい」と注意された経験のある人は少なくないはずです。しかし、大学生になったいま、事情は変わってきます。ただ、やみくもに漢字を並べてみせれば上等だという段階を超えて、読み手への配慮が求められるようになったということなのでしょう。
　次の二つの文章を読み比べてください。

> 　二十世紀は人類は戦争に明け暮れる日々を送ったので
> 大量の庶民が生命を無くして莫大な財貨や大小無数の国

笑われているよ！
　案の定。「学生としゃべっていたら、『案のテイ』という言葉が飛び出し驚いたことがあった。定はテイと読むものと思い込んでおられたようだ。『案の上』と書かれた文にお目にかかったこともある」（岡橋隼夫「日本語の乱れ」月刊『言語』02年8月号）。

1. 文をつくる基本

家が滅亡した。しかし悲惨極まりない戦争によって解決した事は何一つ無い。民族、宗教等特定の価値観に凝り固まり自己の主張の正当性を認定させようとする指導者の欲望を只満足させるだけの争いに過ぎなかった様にさえ私には思われるのである。

だが不幸な事に人類は今もその悪夢から醒めてはいない。大型原子力潜水艦一隻の価格は世界中の子供の予防接種を実現させて約百万人の生命が助かる費用に匹敵するのだと言われる。また戦略爆撃機二機を作る予算を厚生の分野に振り向ければ三十万箇所の井戸を掘る事が可能となり第三世界の住民に多大な恩恵を与える事が出来るのである。更に一回の地下核実験の費用を衛生指導員の養成に転用するならば四十万人の指導員を誕生させる事が出来、貧困と非衛生に苦しむ第三世界の救済に貢献するとの報告もあった。戦争をこの世から絶滅させる為には先ず軍備、兵器の削減から着手すべきだと私は痛感している。　　　　　　　　　　　　　　　　[例文1-7a]

20世紀、それは戦争に明け暮れる日々であった。多くの人々が生命と財産を失った。滅んだ国も少なくなかった。

では、戦争という悲惨な手段によって、解決をみたものがなにか一つでもあったろうか。それは、民族紛争や宗教対立のなかにあって、自分の正当性を主張してやまない指導者の欲望を、ただ満足させただけに終わったの

> ではなかったか。
> 　不幸なことに、人類はいまもなお悪夢から醒めていない。大型原子力潜水艦1隻の建造費は膨大なもので、予防接種を受けられずにいる世界中の子どもたちへの対策費にこれを回すならば、約100万人の幼い生命を救うことができる、という。また、戦略爆撃機2機をつくる予算を飲料水の確保に苦しむ人々のために使えば、実に30万カ所の井戸を掘ることが可能なのだそうだ。さらには、地下核実験1回分にかかる費用を貧困対策に振り向ければ、貧困と非衛生に苦しむ第三世界に40万人の衛生指導員を雇い入れて生活向上の活動をすすめることができる、という報告もあった。
> 　戦争廃絶をめざし、いまこそ軍備、兵器の削減を真剣に考えるときではないだろうか。　　　　　　［例文1-7b］

　あくまで紙面を見ただけの印象ですが、前の［例文1-7a］のほうが、後の［1-7b］に比べて、暗く、黒く、硬く、重く感じられます。それは、漢字多用のせいなのです。二つの文章は［a］が19行なのに対し［b］は21行。2行多くなっているのは改行を二つ増やしたためで、分量はほとんど変わりません。手直しした［b］の例文では使った漢字が1行あたり平均8.5字（文章全体の34％）なのに対し、前者の［a］は平均12字（48％）もあります。漢字の少ない文章のほうが読み手の目に明るく、柔らかく、優しく映ります。気配りの問題なのです。

　手直しの箇所は〈事、今、様、只、為、先ず、出来る〉などです。

笑われているよ！
　鳥瞰図。「（ある大学の先生との雑談で知ったのだが）鳥瞰図を『とりあえず』と読んだ学生がいたそうだ。『敢えて……する』を踏まえての読み間違いである。誤読としては幾らか、高級の部類に属するらしい」（竹内政明「けいざいつうしん」『読売新聞』00年2月27日朝刊）。

例文にはありませんが、〈頃、誰、時、程、筈、位、色々、様々、この際、既に〉も同じで、こうした漢字を「かな」書きにするだけでも文の印象は格段にソフトなものに変わってきます。

　この［例文1-7a、b］は、漢字の多用をいましめるための例示にとどまらず、改行の効用、句読点の使いかたについても教訓を与えてくれます。ぜひ読み返してみてください。

　文章は読んでくれる人のためにある。だから、読んでくれる人の目に優しく映る文章を心がけなければならない。それが書く側の基本的な心得というべきものです。このうえなお注意を喚起しておくべきものがあるとするならば、それは次の2点です。

① 誤字をなくす。
② 書き上げたら何度も読み返す。

　わかりきったことでしょうから指摘にとどめますが、「推敲に推敲を重ねる」の言葉を辞書に学び、肝に銘じ、文の完成度を高める努力をつづけてほしいと思います。

笑われているよ！
　とりはだ。「綾戸智絵のニューアルバム、鳥肌もんだよね。こういう物言いをする人が増えた。この場合、嫌悪感の表明をいう本来の意味は完全にすっ飛んでしまって、感動、感銘を表す言葉になっている」（えのきどいちろう「ちまたの言葉」『朝日新聞』99年11月12日朝刊）。

第2章
小論文の書き方

(1) 作文と小論文の違い

　小論文を書かされる機会が増えています。就職試験での出題が多くなっているのがとくに注目されます。作文を提出させたうえに、なお追い討ちをかけるように小論文を課すのです。学生の資質をみきわめるのには小論文が一番、と企業は考え始めたようです。

　ところで、小論文とはいったい何なのでしょうか。課題作文で要求されるものと、課題小論文に求められているものとは何がどのように違うのでしょうか。

　文章読本に類する本はたくさん出ているのに、そのことを学生に教えてくれるものがないことに著者たちもあらためて驚き入ったのでした。その差異をわかりやすく説明するのが難しいので避けてしまったのかもしれませんが、それは無責任です。しかも一部には「よい作文はそれを小論文だといって提出しても立派に通用するし、よい小論文は同時に優れた作文でもある」などという人もいますか

笑われているよ！
　「腹が立つのはコンビニの店員の『千円からお預かりします』という言い方です。『千円をお預かりします』でいいことぐらい、誰にだってわかると思うのに。なぜか間違ったほうが蔓延していますね」（山中秀樹「正しい日本語を教える現場」『望星』99年10月号）。

ら、ますますわからなくなってしまいます。

その点、小論文と論文との違いははっきりしています。主としてその違いは書く分量にあり、小論文は論文のように長くはなく、重くもなく、400字詰め原稿用紙で2、3枚から多くて5、6枚ぐらいでまとめたものを想定すれば、まあよいのではないでしょうか。比較的短くまとめる文章ですから、研究論文のように長々と情勢分析を試みたり、調査結果を詳細に解説したり、参考文献からの引用をいくつも書き並べたりするわけにはいきません。主張を簡潔に、鋭く、印象的に、説得力ある構成で記述することが求められます。

作文との違いを述べるのは、それよりずっと面倒です。書かされる分量にほとんど違いがないようですし、プロといわれる人たちの文章をみても、その書くスタイルは多様で、理屈っぽいエッセーがあるかと思えば、一方には情景描写を多く盛り込んだ柔らかいタッチの小論文もあって、両者の間に境界線はないように思われます。たしかに困ってしまいます。

それでも書かされる立場に置かれた以上は、挑戦しないわけにはいきません。その違いを知っておかないと、文章をつくる作業にとりかかれないではありませんか。どう考えたらよいのでしょうか。

正解への手がかりは、実は、就職試験に作文と小論文を並行して出題するようになった求人先（企業）の思惑を探ることで得られるのです。この道筋を追っていくと、作文と小論文との明確な差異が浮かび上がってきます。こういうことです。

企業が以前から好んで作文を就職試験の中心に据えてきた理由としては、求職にやってきた学生たちの人柄をみきわめようとの狙い

2. 小論文の書き方

笑われているよ！
「ファミリーレストランのロイヤルは客の苦情を受けて非常識用語撲滅のキャンペーンを始めた。千円からお預かりしますを『千円、お預かりします』に、おたばこの方お吸いになられますかを『禁煙、喫煙、どちらのお席がよろしいですか』に」（『東京新聞』03年6月21日朝刊）。

(1) 作文と小論文との違い

が挙げられそうです。形式にとらわれず自由に書く作文は書き手の性格を映し出します。人づきあいのよい明るい楽観的な人間であるかどうか、感受性が豊かで自由な発想に富み、柔軟な思考ができる人物かどうか、協調性・積極性・指導力を身につけているかどうか、などが作文のなかに読みとれると思うからなのでしょう。

これに対して、小論文は応募の学生たちの知的な面での特性、能力をみきわめるのに適している、と企業側は考えているようです。観察力、分析力、判断力、想像力、構想力、表現力、それに複眼思考にもとづく洞察と筋道だった主張の展開とが結びあってつくり出す説得力……と、並べればきりがありません。要するに、ものごとをどれだけ冷静にみつめて深い考えをめぐらすことができるか、きちんとした情報を集めてそれを正確に取捨選択できるか、的確な状況判断がくだせるか、論理的な思考ができるか、企業側はそれらを見定めて将来性ある人材を選び抜こうとしているのです。小論文とはどのようなものか、その表現形式の特徴がここからつかみとれると思います。

作文は、あらゆる形式から解き放たれ自由に書かれる文章だといえるでしょう。ですから、よい作文は、個性を存分に発揮し、理性よりは感性を前面に押し出した作品になっているはずです。他方、小論文は（論文すべてがそうですが）、言葉どおり「論じる」文章です。では、「論じる」とは何なのでしょうか。

メッセージの伝達という観点からいうなら、それは、自分が何を問題にしようとしているのかを相手に誤解がないように明確に伝え（問題提起、主張する立場の明示）、なぜそのように主張するのかを

笑われているよ！
　前出のロイヤルは過剰な敬語はアルバイトの高校生から広がったとみる。「キャンペーンのあと、『間違った使い方だと初めて知った』というアルバイトが多かった。歌人の俵万智さんは『敬語は簡潔、適切でほどよい分量がよい』と助言している」（『東京新聞』同）。

筋道立てて説明し（論証＝実証・例証、事実による裏づけ）、読み手を納得させる（共感を得る、説得する）、という一連の表現行為を指しています。論理的であること、客観的であることを離れて、論文は成り立ちません。小論文もその例外ではないのです。

　記述に明確な主張があり、主張するところの根拠が客観的に提示され、しかもその主張の正当性を論理的に証明しようと努めていることが不可欠の要素となります。小論文とはそのように性格づけられます。感情に流れ、主観まるだしの、思い込みの激しい文に終わってしまうのでは失格なのです。主張するからといって、ただ自分の言いたいことを叫ぶように書きなぐればよいというものでないことを理解することが大切です。主張するからには、相手に納得してもらわなければなりません。読み手への配慮がここでも強く求められます。

　また、読みやすく味わいのある文章であればいうことはないのですが、文を飾ろうとして論理性、客観性がねじ曲げられるようなことがもしあったとすると、その小論文は価値を失います。この点も作文とは違うところです。作文が「情」の産物だとするなら、小論文は「理」の文章だ、といってよさそうです。

(2) 文の組み立て、論の展開

　小論文を書くうえでもっとも大切なのは文の構成です。論旨に乱れがなく、説得力に富んだ小論文を書くにはどうしたらよいのかを

笑われているよ！
　「いちゃもんをつけたいことがある／ナニナニじゃないですか／という言い方だ／スットコドッコイのタワケと毒づきたくなる／（中略）／己の意見を正論と勝手に決め押し付けやがる」（「対談・"日本語不安"はコミュニケーション不安だ」で紹介された川崎洋の詩、前掲『望星』より）。

学ぶために、小論文の原型ともいえる例文をここに載せてみました。

前章に紹介した遠足の作文［例文1-1］の場合は伝えるべき情報がほとんどない、未加工の原石のようなものという意味で作文の「原型」と呼びましたが、下記の例文はそれとは違って、豊富なデータを盛った、たいへん欲張った小論文です。このぐらいの実証、例証ができていれば400字詰め原稿用紙10枚を超えるレポートに仕上げることも可能です。論の構築のモデルという意味で「原型」と名づけました。普遍的な論文作法を覚えるのに役立つ文章です。ここから「論の展開」を学びとってほしいと思います。

> 21世紀に生きる私たちが、IT革命によって、とてつもない便利さを手にしたのはたしかである。しかし、この状況が地球市民60億のすべてにしあわせをもたらしたと考えるのはあまりに楽観的すぎるのではないか。コンピューターの普及は社会、経済構造に大きな変化をおよぼしたのだから、そこには当然ながら光と影の両面がある。その影の部分を直視することを怠ってはなるまい。高度情報化社会の到来が貧富の差を世界的な規模で押し広げている現実に、人々がもっと目を向けるべきだと私は考える。　　　　　　　　　　　　　　　［例文2-1a］

情報格差（ディジタル・ディバイド）の問題を取り上げた小論文の前書きにあたる部分ですが、何を論じようとするのか、どのよう

笑われているよ！
「横書きにした旧中仙道を『一日中やまみち』と読んだとやら、平家物語を『ひらや物語』と読んだとやら、若者のもの知らずをあげつらう話題に事欠かない。『俳句の隠語ってむずかしい』とつぶやく青年もいた」（宇多喜代子「季語が隠語になる時に」『朝日新聞』03年2月7日夕刊）。

な立場で論じようとしているのかが読み手に明瞭に伝わってきます。面白味に欠けるとか重苦しいなどの評が出るかもしれませんが、小論文の場合、表現が多少硬くなったとしても、論理性、つまり筋道立った論の展開を優先させて考えなければなりません。これは小論文に限らず、論文すべてに共通していえることです。

　論文はふつう、序論、本論、結論の3部構成をとります。小論文もこれにならって文を組み立てていけばよいでしょう。骨組みのしっかりしたものが書けます。ただ、論文と違って、小論文は紙数が多くはありませんから、本論のところではいろいろと角度を変えながら短いが鋭く具体的に検証し、その主張が正当であることを読み手に納得してもらう論法でまとめるやり方をとります。あまりにひんぱんに使うとうるさい文になってしまう恐れはありますが、数字を挙げて説明するのは効果的です。

　ここで再び例文に戻り、「論の展開」を学びとることにしましょう。主張の裏づけが多角的に、実証的におこなわれている文章であれば、それは説得力に富んだ小論文だと評価されます。

> 　一橋大学の伊豫谷登士翁教授によると、世界の最富裕層20％の所得は1960年当時、全体の70.2％を占めていたのだが、それが約30年後の89年になると82.7％へと上昇した。最貧困層20％の所得は2.3％から1.4％に下落しており、富裕層と貧困層との所得格差が拡大した、という（「グローバリゼーション――新たな排除の世界

システム化」、『世界』2000年10月号)。
　一方、レスター・ブラウン氏らの『地球白書　1999―2000』は、「世界で最も富裕な3人の資産の合計は世界最貧48カ国の国民総生産（GNP）を合わせた額より多くなる」と報告しており（『朝日新聞』2000年1月1日付社説）、貧富の差の拡大は21世紀初頭にもなおつづいていることをうかがわせる。それだけではない。この大金持ち3人の筆頭にいるのがマイクロソフト社のビル・ゲイツ会長であることを考えるだけでも、この格差の拡大は高度情報化社会の出現が生み出したものであることが容易に理解できる。他の超高額所得者の2人も情報のグローバル化によって巨万の富を手にしたIT革命の受益者なのだ。このような富の寡占状態は過去のいかなる時代にも人類が経験したことのないものであった。

[例文2-1b]

(2) 文の組み立て、論の展開

　上に掲げた例文は前書き部分［2-1a］の問題提起を受けて、現実に情報格差が地球規模で進行中であることを裏づけるデータを示し、主張の正しさを証明しようと努めています。例文はこのあと、次のように論を展開させていきます。

　ミャンマーやソマリアのインターネット接続は人口比0.001％から0.02％にすぎない事実を明らかにし、いわゆる先進国と途上国との間にはひどい情報格差が生まれている、と記述します。そのうえで1990年代後半に起きたアジア通貨危機を振り返り、情報化の

語彙を豊かに、言葉を正確に
　選びぬかれた言葉が並んだとき、読み手を強く印象づける文章が生まれます。言葉を磨くことに努めましょう。よく使われるのに間違って書かれることが多い用字・用語を以下に紹介してみます。まずは「あい」から。

加速によってヘッジファンドと呼ばれる高い運用利回りを狙う欧米の基金がアジア諸国の国家財政を危機に追い込むほどの力をつけてきたことに注意をうながし、情報を握る個人が国家の命運さえを決めかねないようになった、前例のない時代の出現を指摘します。

つづけて米国商務省報告を引用しつつ、コンピューターが普及しているアメリカ社会のなかでも年収7万5000ドルを境にインターネットにアクセスできる世帯とそうでない世帯の数が大きく分かれ、情報量の差が年収の差をいっそう広げている現状を報告します。国家間だけでなく、国内でも情報格差の問題は深刻化している、と警告を発します。

アメリカ、日本の国内事情についてはさらに分析を加え、仮に同じ所得水準の層であったとしても、性別や年齢層によって情報化の恩恵を受ける度合いが違うことに着目、辺地に住む人、家庭にこもらざるを得ない多くの女性、機器操作に不慣れな高齢者らが時代の波から取り残されようとしている現実に異議申し立てをします。

最後に、「21世紀に入って実現をみた高度情報化社会は人類みなの共有財産であり、地球市民60億人がひとしくその恩恵を享受できるシステムがつくられなければならない」と述べ、情報それ自体も、情報のツールも、情報にアクセスするための知識（コンピューター・リテラシー）も、求める人がいる限りは、すべて公平に利用する権利が与えられるべきだ、と結論づけます。そして、国連や主要国首脳会議（サミット）などが情報格差の解消に向けての積極的な取り組みをいますぐにも始めるように要求して、文の結びとします。

語彙を豊かに　　「あい」
「合」を使う場合＝合言葉、合いかぎ（合鍵）、合図、合気道、気合、具合、意味合い、見合い、泥仕合、出合い頭
「相」を使う場合＝相手、相性、相次ぐ、相づち、相合い傘、相棒、相乗り、相変わらず

2000字ほどの小論文のできあがりですが、小論文の書き方がこれで修了というわけにはいきません。むしろこれは入り口での学習というべきものなのです。なぜなら、いまみてきたのは、小論文の原型が教える論の組み立て方や論の展開についてであって、誰もがこんなに専門家の指摘や数字を自在に使って論証できるわけではないからです。実際に小論文を書くとなると、いろいろな制約が出てきて、あなたがたを悩ませます。

(3) 論証（論拠の提示）

　この項では、課題小論文の書き方を考えてみます。
　課題小論文とはあくまで便宜的な言い方で、一般企業や地方公務員、教員の採用試験、大学入試などで出される小論文を指して使います。たいていは60分から90分の間に800字から1000字程度、多くて1200字程度を書かせる試験です。「地球の環境保全について論じなさい」「男女共同参画社会に関して日ごろ思うことを述べよ」などという課題が出され、それをもとに小論文を書きます。与えられたテーマについて比較的短時間に、それも限られた枚数で書くのです。この章の冒頭で触れたように、最近、就職試験に小論文を加える企業が増えてきました。
　こういう試験の場では資料の持ち込みがまず許されません。［例文2-1a、b］のように雑誌論文を引用して自説を援用したり、統計

語彙を豊かに　「あき・あく・あける」
　空＝空き缶、空き箱、空き家、席が空く、中身を空ける
　明＝明け方、明け渡し、休暇が明ける、連休明け、秘密を打ち明ける
　開＝開いた口がふさがらない、開け方がわからない、ふたを開ける、幕開け

の細かな数字を挙げて立証したりするのは無理な相談です。ちょっと図書館に行ってくる、というわけにもいきません。すべて自分の記憶細胞によりかかって論拠を示していくしかないのです。だからといって、うろ覚えのデータや正確さを欠く数字を並べるようでは小論文の生命である客観性や実証主義が揺らぐわけですから、それは避けなければいけません。何が辛いかといって、手もとに資料がないのが困ります。課題小論文の難しさがここにあります。

しかし、心配をしていても仕方がありません。課題小論文の場合、出題者側はあなた方に資料なしで書かせようとしているのは承知なのですから、書き手に厳密な論証を求めたりはしないはずです。筋道立って説得力のある「論」が書けているかどうか。そこがきちんとしていれば合格と思ってよいのではないでしょうか。常識がものをいうのです。ふだんから世のなかの動き（世界の動向、日本の課題、時代の流れ、社会の仕組み、人びとのライフスタイルの変化など）に関心を寄せてきた人なら恐れることはなさそうです。

仮に「情報化の加速について論じなさい」との課題が出たとしましょう。あなたは日ごろ［例文2-1a、b］のような考えをもっていたとします。しめしめと笑いがこみあげてくるはずです。それはそうでしょう。一度は考えてみたことのある問題なら、事典や専門書の世話にならなくても、主張する重要ポイント（論点）はちゃんと頭に入っているわけです。論の乱れが起こりようはありません。以前に書いたことのある例文の記憶をもとに、自信をもって書きすすめていけます。

語彙を豊かに　「あし」
　足＝足跡、足音、足固め、足手まとい、足止め、足長おじさん、足並み、足踏み、足を出す、手足、出足、逃げ足
　脚＝脚の線が美しい、雨脚、机の脚、橋脚、船脚

［例文2-1a、b］の〈構成〉は次のようなものでした。
1. 問題提起・主張（情報化の影の部分＝情報格差の拡大を見逃すな）
2. 論証A（情報手段をもつ者はますます富を手にし、格差はいま地球規模で確実に広がっている）
3. 論証B（格差は国家間で拡大し、深刻化している）
4. 論証C（国内問題としても無視し得ない）
5. 論証D（都市と地方との地域差、性別、年齢層によっていびつな現象が生まれている）
6. 結論（国連などは格差解消に取り組むべきである）

 それでは課題小論文を実際に書く作業に移ります。1000字（400字詰め原稿用紙2枚半）で書き上げる想定です。23〜25ページの「小論文の原型」［例文2-1a、b］にしたがって「論」を展開させてみましょう。上記の〈構成〉にならって論じていくのです。

(3) 論証（論拠の提示）

ステップ1：主題
 テーマは「情報化の加速について論じなさい」でした。しかし、それは与えられた課題です。あなたは、このテーマから外れない範囲で主題を選んだらよいのです。就職試験などの場合、環境や差別、情報化、学校教育など、広がりのある、大きな枠組みのテーマが出されるのがふつうです。出題者側は、抽象的な問題を投げかけておいて、受験者の対応（論の立て方＝論理的な思考能力と説得力、表現力）をみきわめようとするからです。テーマを自分が一番論じや

語彙を豊かに　「あぶら」
　油＝油絵、油を売る、油を絞る、油を流したような水面、ガマの油、ゴマ油、火に油を注ぐ、水と油
　脂＝脂汗、脂が乗る、脂ぎった顔、脂薬、脂太り、牛肉の脂身

すい主題に近づけていく、その才覚、センスが問われようとしています。

香港と台湾の携帯電話の普及ぶりを取り上げようとする人もいるでしょうし、情報の元栓を握る米国政府の世論誘導を告発したいと勇み立つ人がいてもおかしくありません。当然、あなたは前に調べたことのある「情報格差」で論を展開させます。〈構成〉が鮮明によみがえってきます。あとは、その順番にしたがって書いていけばよいのです。

主題にかかわって大切なのは小論文の書き出しにあたる部分です。いろいろな書き方があって当然ですが、最初は奇をてらわずに正攻法で書くのがよいと思います。何を、どのような観点から、どのように論じようとするのかが読み手に伝わることを心がけたいものです。主張するところが明確に書かれていれば問題はありません。例文の前書きを大きく変える必要はなさそうです。

ステップ２：論証

あとは例文と前ページの〈構成〉に即して説明していきますが、〈構成〉にある論証Ａのパラグラフ（トピック・センテンスとそれを説明補足する複数の文で構成される群。次章で説明）から結論の前に置かれた論証Ｄのパラグラフまでが工夫のしどころです。

まずＡの部分です。論者には『地球白書』が発した衝撃的な警告の内容が強く印象に残っていて、それを詳細に取り上げたいと考えました。しかし、手もとに資料がないのですから、レスター・ブラウン氏の説くところを克明に記すわけにいきません。とはいうもの

語彙を豊かに　　「あらい」
荒＝荒々しい、荒海、荒稼ぎ、荒くれ、荒仕事、荒波、荒療治、荒業、金遣いが荒い、気が荒い、手荒い
粗＝粗壁、粗削り、粗ごなし、粗っぽい守備、粗利益、木目が粗い

の、論者の主張を裏づけてくれる重要なデータです。どうしても引用したい。悩んだ末、記憶している限りのことを記述しました。細かな数字は消えましたし、エッセーふうの記述になりましたが、情報格差の広がりを地球規模でとらえることはできたようです。

論証Bでは、貧しい途上国のいまの姿を情報過疎の側面で概観する一方、最先端の情報システムを握る一匹狼ふうのヘッジファンドが独立国家の財政を大きく揺さぶるまでに力をつけるにいたった状況が心に浮かびます。不十分な記述ではありましたが、国際金融市場の無秩序を描こうとしました。

紙数が足りなくなります。論証Cと論証Dは1本にしました。目を転じて、国内の現実に踏み込もうとしたのですが、原稿用紙に書きつけるような具体的な数字の持ち合わせはありません。でも、出身地の事情はよく知っています。そこで自分が目撃した情景を中心にまとめてみました。何も数字を列挙するのだけがデータとは限らないのです。当事者の証言やマスコミの報道で知り得た事実を紹介することで自説を補強するやり方も課題小論文の場合は許されます。

ステップ3：結び

論文なのですから、最後のしめくくりがもっとも大事に思えます。しかし、あえていうのですが、それは、提言を盛った報告書や卒業論文などにあてはまることであって、課題小論文では結びはむしろ短いほうが効果的なのです。結びにこるぐらいなら、そこに注ぐエネルギーを前書き部分の完成度を高めることのほうに使うように勧めます。前書きはそれほどに重要だということです。

語彙を豊かに　「ある」
　有＝有り金、有り様（ありさま）、有りのまま
　在＝在りか、在り方、在りし日
　※有は「無」の対語。在は存在、所在にかかわる。しかし、両方とも「かな書き」にした方がよい。

(4) 課題小論文に強くなるには

前項で書こうと試みた課題小論文のモデルを次に書き出してみました。全部で約980字です。［例文2-1a、b］と比較しながら、ふつうの論文のデータ処理と課題小論文での論証の仕方の違いを考えましょう。課題小論文のコツを身につけてほしいのです。

情報化社会の影

　IT革命は、私たちの暮らしを大きく変えた。しかし、そのとてつもない便利さに埋もれて、私たちは何か大切なものを見落としてはいないか。いま、地球規模で広がりをみせている情報格差の深刻化がそれだ。

　IT革命といえば、すぐにマイクロソフト社のビル・ゲイツ会長の顔が浮かぶ。彼を筆頭とする世界の大富豪トップ・スリーの資産の合計は最貧国にランクされる48カ国のGNPの総額を超えるのだ、という。『地球白書』でそれを知った。富の極端な偏在は公正な社会の実現を遠ざける。

　ミャンマーの場合、年間のインターネット利用回数が人口比0.001％、つまり1000人に1人が1年間にただ1回接続したという実情である。一方で、富める者は最新の有力情報と最先端の情報機器とを握り、他国に遠慮なく進出して市場を支配、莫大な利益を手にする。弱肉強

食の世界をそこにみる。

　日本国内に目をやっても、浮かれてはいられない。

　私の実家は奥羽山脈の過疎地にある。ここの高齢者たちは医療への不安を抱えている。政府や県の広報資料は「隣接市の医療センターがいまに24時間態勢であなたがたを見守ってくれるようになる」とPRしているのだが、だれもそれを信じない。市町村合併を押しすすめるなか、施設の統廃合によって村の診療所をつぶそうとしているのが国と県だからだ。情報化の波に乗れないお年寄りを切り捨てる非情なやり方は、情報革命への過信から生まれている。

　家庭にこもる主婦層がコンピューター・リテラシーの面で後れをとっている。都市に比べ地方の住民がインターネットのアクセス機会に恵まれていない。この格差の拡大が所得格差の拡大へと直結している事実を軽視してはなるまい。高度情報化社会は人類みなの共有財産である。情報それ自体も、情報のツールも、情報にアクセスするための知識も、すべての人に公平、平等に利用する権利が与えられなければならない。

　2000年の沖縄サミットでは「IT憲章」が採択され、情報格差の解消に立ち上がることを確認した。ホスト国であった日本には、国連などにすぐ働きかけ、格差をなくすプログラムを実行に移す責任がある。時代の窓を開く事業に私たちは率先して汗を流していく決意を固めたい。　　　　　　　　　　　　　　　　　　［例文2-2］

(4) 課題小論文に強くなるには

語彙を豊かに　「いき」
　息＝息が合う、息切れ、息苦しい、息詰まる、息抜き、息巻く、息を入れる、息を殺す、息をのむ、鼻息が荒い
　意気＝意気込み、意気盛ん、意気投合

書く心がまえ三点

　課題小論文を突然書くよう求められてもあわてないように、最後に三点、小論文に強くなるための心がまえをまとめておきます。読んでもらえばわかることですが、ここに書かれたことのなかには、あなたを知的な面でもっとたくましくする提案に近いものも含まれています。よく読んでください。

多角的な検証を心がけよう

　「論」の展開という言葉がこれまで何度も出てきましたが、課題小論文を書くときに気をつけなければならないのは、「多角的な論証」です。

　与えられたテーマを見て、自分にとって論じやすい主題を探りあて、そこから論証を始めていくわけですが、問題をただ一つの角度でとらえてそれだけにしがみついて書いた小論文はいかにも安普請で、粗雑です。主題を掲げ、それを上からみた、下からみた、表からみた、裏からみた、斜めからみた、叩きつぶして壊れた状態で観察した、水につけて様子をみた、という具合にさまざまに角度を変え、条件を変えて、考察する。それがよい論文のもとになるのです。［例文2-1a、b］と〈構成〉でみたように、情報格差を地球規模で検証し、つづいて国際社会に目を転じ国家間のいびつな状況をみつめ、次には国内に生まれたひずみを考える、そのような書き方を覚えてほしいのです。

　限られた分量ですから、書きたいことのすべてを盛り込むというわけにはいきませんが、論証の最後に自説とは対立する考えがある

語彙を豊かに　　「いし」
　意思＝意思の疎通を欠く、意思表示、本人の意思を尊重、辞任の意思なし
　意志＝意志が強い、意志を貫く
　遺志＝故人の遺志
　※そのもっている考えや思いについては意思。成し遂げようとする心は意志。

ことを示し、その異見の中身を紹介し、それに対して批判を加える、という手法もあります。自分の考えとは違う他人の意見を出してくるのですから論者のフェアな態度が強く印象づけられ、説得力が増してきます。試す価値のある書き方です。

　課題小論文は800字から1000字という分量で書かれることが多いと前に書きましたが、配分については前書きと結びの部分が合わせて20％〜30％ぐらい、残りの約70％〜80％を本論にあたる論証（実証、例証）に割くという見当で問題用紙に向かってみるのがよいでしょう。

新聞を読む、読み取る

　すでにみてきたように、課題小論文は過酷なテストといえます。「情報化の加速について論じなさい」の課題を与えられても、「情報化」が何を意味するのかが理解できない学生には論じようがないのです。「情報化の加速」という言葉を目にして、それが具体的にはどのような状況を指すのかイメージが浮かばない学生も、やはり、むなしく退場するほかありません。常識の有無で道は分かれます。

　でも、あきらめてはいけません。よい小論文が書けるようになりたいとの目的意識をしっかりともちつづけられるのなら、これから自分を鍛えていけばよいのです。基礎的な教養のすそ野を広げる努力を重ねることです。では、豊かな常識、円満な常識を身につけるためにはどうしたらよいのでしょう。本をよく読むことです。毎日の新聞を欠かさず読むことです。ほかに近道はありません。

　さらに面倒なことをいうようですが、本や新聞をただ読み流すの

語彙を豊かに　「いじょう」
　異常＝異常乾燥、異常心理学、異常な状態、エンジンに異常がある、体調の異常を訴える、異常なし
　異状＝「西部戦線異状なし」、就職戦線異状なし
　※異状は上の2例が特例。たいていは「異常」を使う。

では知識も判断力も身につくわけがない。それは目を通したのにすぎず、読んだことにはならないのです。読み解かなければいけません。ニュースを批判的に読みとって、自分の考えをまとめてみなければいけません。つまり、読んで、その意味するところを考えることが大事なのです。企業の採用試験をみていると、小論文の課題は、時代の変化や世界の現況、内外情勢などに集中しており、人類が直面しているそれらの課題にどう対処したらよいかとの問いかけを発しているものが多いようです。具体的には、環境保全、高齢化社会、人口爆発と少子化、情報の高度化、ボーダレス状況の深化、紛争のない社会（平和）の実現、企業倫理、地方の活性化、男女共同参画社会のあり方、個人と集団の関係などが目につきます。こういう話題に強い自分をつくり上げることを目標にすえたらよいのです。

細かいが、でも大事な心得

　最後に、小論文も論文だということを再確認しておきましょう。どっちつかずのあいまいな表現はいけません。「です、ます」調は感心しません。文が甘くなり、きりっとした感じが薄れて、論文としては損なのです。

　書き出しの表現にはとくに神経を使うべきでしょう。就職試験などでは、採用の担当者は千人を超える規模の受験者の原稿を読むことも珍しくないはずです。だらだらとした、魅力のない書き出しの文章に出会ったとき、彼は（彼女は）、果たして、結びのところまで丁寧に読みすすめてくれるでしょうか。そんなところにも神経を使う書き手でありたいものです。

語彙を豊かに　　「いどう」
　　移動＝移動図書館、高気圧の移動、人口移動
　　異動＝人事異動、定期異動
　　異同＝計数の異同、字句の異同

第3章
レポートの書き方

(1) 作文・感想文とレポートの違い

　大学の授業やゼミでは、レポートが課されることが少なくありません。試験を補うという場合もありますが、多くは、自分で調べ、考え、その結果を文章にまとめてほしい、またそういう力を高めてほしい、と教員が願っているからです。

　レポートとは、「(1) 研究・調査の報告書。学術研究報告書」あるいは「(2) 新聞・雑誌・放送などで、現地からの状況などを報告すること。またその報告」(『大辞林(第二版)』)のことです。

　大学では、通常、(1) を指しますが、ここでは (1) に準じるもの、と定義しておきましょう。すなわち、自分で調べ、それを文章にまとめた報告書、ということです。調べて書くので、リサーチ・ペーパーと呼ぶのがより適切かもしれません。リサーチ・ペーパーの高度なものが、研究論文とか学術論文と呼ばれるものです。

　小論文とレポートの違いは、どこにあるでしょうか。小論文は、

語彙を豊かに　　「いん」
　陰＝陰影、陰気、陰惨、陰謀、陰暦、夜陰
　隠＝隠居、隠語、隠退、隠匿
　※隠退は郷里に隠退、隠退生活など「世を逃れて閑居する」ときに用いる。役職・地位から退く場合は引退を使う。

求職や入試の際に応募者の知的能力や表現力をみるために要求されるものです。事前に書いて郵送する場合と、試験会場で書いてその場で提出する場合があります。分量は400字詰め原稿用紙で数ページ程度というのがふつうです。

これに対して、レポートは、学生が授業の一環として数週間以上をかけて調べ（すなわちリサーチをおこない）、その結果をまとめるもので、400字詰め原稿用紙で10ないし20ページ（4,000～8,000字）というのが通例のようです。卒業論文ともなれば、50ページ以上が要求される場合もあります。

小論文は、主として個人がもっている知識、記憶、思考力にもとづいて書きますが、レポートはこれらに加えて、リサーチにもとづいて書きます。だからこそ、より充実した内容が要求されるのです。そしてだからこそ、20ページでも50ページでも書けるのです。

レポートと小論文は、内容的に、あるいは書き方のうえで、それほど大きな違いがあるわけではありません。したがって、前章で紹介した例文は、レポートを書く場合も大いに参考になります。

この本でいうレポート（あるいは論文）と、あなた方が小・中・高校で書いてきた作文や感想文とは、どう違うのでしょうか。それぞれの特徴をいくつか挙げてみましょう。

作文・感想文の特徴
1. あるテーマについて、自分の思いや自分なりに観察したことを述べる。
2. 資料や論理ではなく、個人的な体験や感情にもとづいて書

語彙を豊かに　「おくれる」
遅＝一歩遅れる、遅れ咲き、遅ればせ、遅れを取り戻す、会合に遅れる、開発の遅れた国、手遅れ、流行遅れ
後＝後れ毛、気後れ

くことが多い。
3. 読む相手に共感や感動を与えることが望ましい。
4. 効果を上げるため、文章は暗喩、逆説、誇張、皮肉、風刺といったような言語的技法（修辞法＝レトリック）を用い、あるいは体言止めにしたり感嘆符をつけたりすることができる。味わいを出すため、漢詩の起承転結の手法を用いるのもよい。手紙や日記の形式にすることもある。

レポート・論文の特徴
1. あるテーマについて、事実関係を調べたり、さまざまな資料にあたったりして、一つのまとまった内容のものにまとめる。
2. できるだけ個人的な感情や思い込みを捨てて、客観的そして論理的に書く。個人が、人間や社会現象について書くわけだから、自然科学のレポートのような厳格な客観性は要求できないが、単なる主観的な意見を述べるのではなく、「根拠」のある事実や理由を示し、「筋道」を立てて説明する必要がある。
3. 内容が、読む人にきちんと理解・納得できるように、修辞法や起承転結のような技巧にこだわらず、できるだけ正確に、たんたんと書く。
4. 原則として、「です・ます」調ではなく、「である・だ」調にする。
5. タイトルや氏名の位置、句読点などの符号、他人の言葉の

語彙を豊かに　「おどる」
　踊＝阿波踊り、踊り子、人に踊らされる、笛吹けども踊らず、盆踊り
　躍＝躍り上がって喜ぶ、躍り出る、小躍りする、胸が躍る

引用、文献の表記などに関して、定められた形式にしたがう。参照した資料を示すよう求められることもある。

　作文・感想文のテーマは、本、夢、家族、友人、恩師、人生、故郷、旅、自然などに関する場合が多く、レポートのテーマは政治、外交、経済、社会、環境保護、文化など、自分の外の世界に関する場合が多いとはいえますが、必ずしもそう分けられないこともあります。たとえば「母」がテーマであれば、あなたの母への思いや母との関係について書けば作文・感想文になり、「母と子の関係」や「母親像の歴史」について具体的・客観的に書けばレポートになるでしょう。「戦争に反対」という思いをつづれば作文・感想文ですが、「戦争」についての証言や資料にもとづく政治的、社会的、歴史的あるいは経済的分析はレポートになります。

　「テロリズム」をテーマにした場合の、作文や感想文とレポートの文章を示してみます。次のような違いが出るはずです。

〈作文・感想文〉
　ニューヨークの世界貿易センタービルに飛行機が突入した。テレビでそのシーンを見た私は、ショックのあまり言葉を失い、それはやがて言いようのない怒りに変わった。この野蛮行為によって、3千人をこえる罪なき人々が一瞬にして消えたのである。私はテロリストたちの行為を許すことはできない、彼らの意図が何であろうと。
　　　　　　　　　　　　　　　　　　　　　　［例文3-1a］

> 〈レポート〉
> ニューヨークの世界貿易センタービルに2機の飛行機が突入した。ビルは瞬時にして崩壊し、3千人以上が死亡した。この事件は、現場近くで目撃した人々はもちろん、テレビで見た米国中および世界中の多くの人々に、大きな衝撃を与えた。　　　　　　　[例文3-1b]

　[例文3-1a]は、「私」のショックや怒りや悲しみを、感情を込めた言葉で表現しています。「心」に訴える文章です。それに対して、[例文3-1b]の方は、事実を脚色することなく述べ、「理性」に訴えています。書いたのはもちろん「私」ですが、「私」の意見や感情より、客観的な事実を重視しています。「私」「野蛮」「罪なき人々」「許す」といった主観的な言葉が消え、感情的な「消えた」が中立的な「死亡」に変わっていることにも注目してください。

　レポートは、論点にそって論旨を明確にしながら論証し、論述するもの、といえます。論点や論証については、54ページ以下であらためて詳しく述べます。

(2) 書くことは考えること

「書くことは考えることなり」と承知しておいてください。
　一本のレポートを仕上げるという作業は、あるテーマについてよ

語彙を豊かに　「かかる・かける」
　掛＝売掛金、掛かりつけ、掛け声、掛け布団、掛け持ち
　架＝架け橋、鉄橋の架け替え、綱を架け渡す
　懸＝命を懸けて、虹が懸かる、夢の懸け橋

く調べ、さまざまな角度から考え、自分なりに論点を整理・分析し、それを文章化することです。この一連の作業を通じて、私たちは思考を整理し、それを確実なものにするのです。この作業を重ねることによって、私たちはさまざまなテーマについて深く知るだけでなく、自分自身を深めることになるでしょう。「書く」というのは、それほど大事なことです。

まず「何について書くか（テーマ）」「いつまでに書くか（締め切り期限）」「どのぐらいの長さのものを書くか（分量）」を考えなければなりません。

レポートでもっとも重要なのは、もちろん、その内容です。よく調べ、よく考えて書いたでしょうか。最初から最後まで、すなわち主題文から結論まで、テーマに沿って書いたでしょうか。およそ誰でも知っていることではなく、あなたなりの興味と問題意識をもって書いたでしょうか。誰かが書いたことや話したことを、ほとんどそのまま繰り返していませんか。

自分の思いや主義主張を並べたのではなく、客観的な事実や論理にもとづいて書いたでしょうか。すなわち、客観的にみて筋の通ったレポートになっているでしょうか。客観性や論理性に欠けた、単に自分の感情をぶつけただけのレポート、あるいはいろいろな事実をただ並べただけのレポートは、よいレポートとはいえません。

どのようなレポートであれ、それには何らかの目的があり、書く人の意思が働きます。レポートはできるだけ論理的かつ客観的に、と述べましたが、問題意識にしたがってテーマを決め、事実を選び、論点を整理し、結論を導くのはあなたですから、どうしてもあなた

3. レポートの書き方

語彙を豊かに　「かげ」
　陰＝陰口、陰になり日なたになり、陰の声、陰の実力者、木陰、日陰
　影＝影絵、影が薄い、影法師、影も形もない、影を落とす
　※日陰は日があたらないところ、日影は日の光でできる影。

の主観が入ることになります。しかし、それは決して悪いことではありません。人は十人十色ですから、たとえ同じテーマを扱ってもレポートのテーマや視点や内容が異なるのは当然です。「考える」という作業をへてレポートをまとめれば、個性的なものになるはずであり、それはむしろ歓迎すべきことでしょう。要は、単なる事実の集積にならず、また独りよがりのものにならなければよいのです。

内容のほかに、言葉や文章が適切かどうかも大事です。レポートは、誰かに「読んでもらう」ものだからです。それは、書く人の思考や思考プロセスを整理して誰かに伝える（コミュニケートする）ものなのです。「コミュニケート」には、「情報や意思を共有する」という意味があります。独りよがりのレポートだと、第三者と内容や意図を共有することはできません。すなわち、第三者にきちんと内容を伝え、理解してもらうことはできません。

表現がおかしかったり、文章が理解しにくかったりすれば、たとえ内容がすばらしくても高く評価されません。パラグラフ（段落）ごとに、論点が整理されているでしょうか。論点と論点の間に矛盾はないでしょうか。論点は順序よく並んでいるでしょうか。自然現象や歴史的なできごとの変化は、時系列に沿って説明した方が理解しやすいですが、そうなっているでしょうか。文章は、全体としてまとまっているでしょうか。

学生のなかには、「文章が書けない」「レポートを書くのは苦手」という人が少なくありません。しかし、それは、文章が苦手というのではなく、調べたり、観察したり、考えたりするのが苦手なのか

(2) 書くことは考えること

語彙を豊かに　「かた」
　形＝跡形もない、自由形、手形、大形の模様（姿、フォームをいうとき）
　型＝型にはまる、血液型、紋切り型、大型の台風（タイプ、パターンをいうとき）

もしれません。よく調べて、自分なりに思考を整理し、それを論理立てて、すなわち考えながら書く。特別の想像力や創造力を必要とする文学作品などは別として、大学生なら誰でもある程度の内容と論旨の整ったレポートを書くことは可能です。

言葉を換えると、考えた形跡のないレポートは、レポートとはいえません。つまり「考える」という要素が加味される、ということが大事なのです。内容を考え、その内容を伝える表現法を考えるのです。逆に、レポートは学生に「考える」機会、自分の思考を整理する機会を与えるものなのです。学生にとっては、受け身で聴く講義を離れて、思考力や洞察力をきたえる絶好の機会になる、というわけです。

レジュメを作成してみよう

レポートの書き方の前に、レジュメの書き方を学んでおくと役に立ちます。レジュメには「履歴書」の意味もありますが、ここでは「概要」とか「摘要」のことです。口頭発表の概要を書き記したり、読んだ本の内容を要約したりしたのが、それです。研究者は学会などで報告内容について事前にレジュメの提出を求められますし、ゼミ発表でもレジュメが必要です。

小論文やレポートを書く勉強をするのに、なぜレジュメの作り方を知る必要があるのでしょうか。

それは、本（あるいは、ときにはその一部）の内容をまとめるという作業を通じて、他人の文章を解剖し、その主旨や論旨を正確に読みとる力が身につくからです。また、ゼミでは、読んだ本につい

3. レポートの書き方

語彙を豊かに　「かん」
　感＝安心感、季節感、責任感、不信感、直感、第六感
　観＝価値観、人生観、世界観、倫理観
　勘＝勘が狂う、勘に頼る

て報告するとか、特定のテーマについて報告するという機会が多いでしょう。そういう場合にレジュメを用意しておくと、スムーズに報告することができます。いずれの場合も、自分の思考を整理することにつながります。

本（あるいはその一部）のレジュメは、たとえば次のように箇条書きするとよいでしょう。

1. **著者・書名・出版社・刊行年**　　できれば、著者の専門領域は何か、ほかにどのような著書があるか、などについても書いておくとよいでしょう。本の一部を紹介する場合は、こうした情報は必要ないのかもしれません。
2. **主旨**　　この本（あるいは章）で著者がもっとも言いたいのは何かを、端的に述べます。
3. **論点**　　著者が主旨を説明するのに挙げた論点を、具体的に取り上げて解説します。
4. **結論**　　著者の結論を述べ、追加したり批判したりしたいことがあれば、それを論じます。

自分の研究成果を報告するときは、上記の1.を除いて、そのテーマを選んだ動機、報告の主旨、論点、結論を簡単に整理しておきます。

レジュメの書き方に慣れると、レポートの書き方のコツもつかめるようになります。また人前で発言するのが苦手な人でも、自分の言いたいこと（要点）を①②③④⑤と順序よく箇条書きにしておくと、要領よく話せます。さらに、そのなかでも重要な点の番号を二重丸で囲むとか、強調したいキーワードに下線を引くかマーカーペ

語彙を豊かに　「き」
　器＝温水器、楽器、計器、受話器、消火器、補聴器
　機＝起重機、自動販売機、遮断機、洗濯機、掃除機
　※小型で簡単な仕組みのものに「器」、大型のものにはおおむね「機」を使う。

ンで印をつけておく、あるいはそれほど重要でなく時間切れのときは削除できるよう△や×の印をつけておくと、より効果的に話を進めることができるでしょう。

---
(3) レポートの必要要素

どのようなレポートであれ、レポートを書くには次のことが必要です。

テーマ

「何についてのレポートなのか」の「何」に相当するのがテーマです。課題、論題、話題といってもよいでしょう。テーマを設定することは、どういう問題と取り組むのかを決めるということですから、問題提起と言い換えることもできます。テーマを一言で表したのが表題（タイトル）です。

テーマは、あなた自身の問題意識や関心がはっきりしている場合は比較的簡単にみつかります。そうでない場合は、本や新聞を読んだり、最近の話題や身近な出来事に目を向けたりして、興味のもてる対象を探します。テーマの探し方、決め方については、「手引き(3)」で詳しく述べます。

テーマが決まったら、それを一つの文（センテンス）、すなわち「主題文」に端的にまとめましょう。主題文は、できるだけ焦点を絞り込むようにします。写真と同じように、焦点がはっきりしない

語彙を豊かに　「きく」
　効＝薬、のり、ブレーキ
　利＝鼻、目、無理

と、内容がぼやけてしまうからです。

　たとえば、「テレビと生活」がテーマの場合、「テレビは私たちの生活を変えた」という主題文は、一般的すぎます。これを「テレビの普及により、小学生はますます遅寝の傾向を強めている」とか、「テレビの普及により、人々が新聞を読む時間は減少の一途をたどっている」とすれば、焦点がよりはっきりします。

　テーマが「ゴミ問題」の場合、「ゴミ問題の解決には、市民すべての協力が必要である」という主題文は、当然のことを述べたにすぎません。「○市では、市民ボランティアの協力を得ることにより、ゴミ問題の解決を大きく前進させた」、あるいは「△町は、独自のリサイクル方法を採用することにより、ゴミの資源化を図っている」とすれば、より具体的になります。

リサーチ

　レポートは、単なる自分の意見や感想だけでは書けません。たとえ感想文であっても、大学で要求されるレポート（リサーチ・ペーパー）では、テーマについて「勉強」したかどうか、すなわちよく調べ、よく考えたか、が問われます。つまり、リサーチが求められるのです。加藤秀俊の著書『取材学』には「探求の技法」という副題がついていますが、その「探求」というのがここでいうリサーチにあたります。

　ちなみに、加藤によれば、人はすべて「取材」をしています。たとえば私たちが買い物をするときに、広告で調べたり、店頭であれこれ見比べたりするのも取材なのです。本などで調べたり、物知り

(3) レポートの必要要素

語彙を豊かに　「げき」
　激＝急激、激賞、激震、激痛、激烈
　劇＝劇的な、劇毒、劇物、劇薬

から聞いたり、統計的に数値を割り出したり、観察したりすることも取材です。加藤はまた、取材はたとえばスシ職人がよいネタを探すようなものだ、ともいっています。よい材料を選ぶのが、取材のコツだというわけです。材料集めには、いろいろ工夫が必要です。そのような工夫を通じて、スシであれレポートであれ、よい作品を生み出すことが可能になるのです。

　リサーチには、主として本や学術雑誌を読んだり、よく知っている人から聞いたり、アンケート調査をしたり、現地を訪れたり、という方法があります。リサーチの方法については、あらためて「手引き（3）」で説明します。最近は、コンピューターのインターネットを利用して資料を集めることが可能になりました。リサーチのためのインターネット利用については、「手引き（5）」で説明します。

組み立て・構成

　テーマが決まり、テーマについてリサーチをしたら、あとはレポートにまとめる作業に入ります。レポートは、読んでもらうために書くわけですから、「読んで意味がわかる」文章にするよう、工夫します。

　レポートを書くのは文章を作成することです。ですから、「作文」と呼んでもよいのですが、日本では「小・中・高等学校の教科で、（課題を与えられて）文章を作ること。またその文章」とか、「独創性に欠ける内容のとぼしい文章」（いずれも『学研国語辞典』）の意味で使われることがあるので、ここでは「組み立て」としました。あるいは文章構成といってもよいでしょう。

語彙を豊かに　「ごう」
　剛＝外柔内剛、剛の者、剛勇
　豪＝強豪、豪雨、豪傑、豪速球、豪放
　強＝強引、強情、強欲

文章を「組み立てる」というのは、筋道を立てて文章を展開していく、という意味です。それには、パラグラフ（段落）ごとに論を展開していく、というのがもっともよい方法です。

　パラグラフとは、一つまたは複数の文（センテンス）からなり、一つの論点（トピック）を論じている部分のことです。ときどき、原稿用紙5、6ページにわたって、一つのパラグラフがつづいているレポートに出会います。しかし、長いパラグラフは論旨がきわめてつかみにくいので、1ページに少なくとも2、3個のパラグラフをもうけた方がよいでしょう。どこか切れのよいところを探して新しいパラグラフをつくるのです。レポートが単調にならないように、パラグラフに長短をつける工夫も必要です。また、ときには、つなぎの（論点のない）パラグラフが必要なこともあります。

　新聞記事では、「5W1H」の要素を入れるのが大事なだけでなく、まずもっとも重要なことを書き、あまり重要でないことは後回しにします。裁判の判決文では、主文でまず「有罪」「無罪」「棄却」などを明らかにしたうえで、事実関係を明らかにします。新聞記事や判決文が整理されてなく、事実関係が不明確で、しかも最後まで読まないと主旨や結論がわからなければ、目的は果たせないでしょう。同じように、レポートも「テーマは何か」「テーマについてどのような根拠にもとづいて思考が展開されているか」「結論は何か」がきちんと整理された形で示されるべきです。漢詩の「起承転結」は途中の「転句」で趣を変えるという手法ですが、レポートではこのような文学的技巧は不要です。むしろ、テーマに沿って、重要度の高い順に、あるいは時系列的に早い順に書いたほうがよいでしょ

(3) レポートの必要要素

語彙を豊かに　「さく」
　裂く＝岩の裂け目、布を裂く、引き裂く
　割く＝時間を割く、人員を割く

う。

編集

　編集とは、本、雑誌、新聞にかかわる企画、原稿依頼（作成）、割り付け、校正などの一連の作業のことです。ラジオ番組、テレビ番組、映画、ビデオ作成についても、素材をうまく配列する作業を編集と呼びます。情報を集め、整理して、読者や視聴者に効果的に伝える工夫をするのが編集、と言い換えてもよいでしょう。

　その意味では、レポート作成にも編集は必要です。言葉や符号は正しく使われているか、事実関係に間違いはないか、文章は読みやすいか、論旨はかみ合っているか——これらをきちんとするのが編集作業です。どこにどのような見出しをつけるか、図表はどう扱うか、全体のレイアウトはまとまっているか、といったことにも気を配りましょう。必要であれば、並べ替えたり、修正したり、削除したりします。あとで述べる注記も、編集作業の一部です。

　とりわけ、いろいろなメディアにさまざまな情報が氾濫し、インターネットによって容易に入手できる今日にあっては、レポートが単に情報を並べただけのものになりかねません。自分なりの焦点にあわせて情報を整理しなおし、新しい意味づけをすることが求められます。いわば「知の再構築」です。これも重要な編集作業といえるでしょう。

　自分のレポートを第三者の目で読んでみる、というのはなかなか困難です。しかし、自分のレポートが内容的にも形式的にもレポートとしての要件を満たしているかを、編集者の立場からチェックす

語彙を豊かに　「さす」
　刺す＝蚊に刺される、刺身、刃物で刺す、針を刺す
　指す＝指し示す、将棋を指す、名指しする、東の方を指す
　差す＝傘を差す、差し押さえ、差し戻し、日が差す、物差し
　挿す＝かんざしを挿す、花を挿す、挿絵

るのは、とても大事です。

(4) レポートの構成

　レポートは、テーマ設定、本論、要約・結論に分けられます。52ページの概念図に沿って、説明しましょう。

テーマ設定
　レポートは、まずテーマを明確にしてから書き出します。論文の「序文」にあたります。どういう問題と取り組むのかを示すわけですから、問題提起と呼んでもよいでしょう。問題の背景やその問題を取り上げた理由を説明したうえで、レポートの主旨や目的を一つの文（主題文）にまとめましょう。

本論
　問題提起と主題文で明らかにしたことを、以下の文章で論証、説明します。これが本論です。本論のそれぞれのパラグラフ（段落）は、その段落の論点を要約する文（トピック・センテンス）で書き出し、あとの文でそれを説明する、というのが理想的です。
　論証とは、根拠を示して論じることです。それには、因果関係、類推、権威による方法があります。
　因果関係とは、たとえば寒冷前線と天候の悪化のように、原因を分析して結果を導き出すことです。類推とは、独裁者の登場による

語彙を豊かに　「し」
　士＝栄養士、介護福祉士、行政書士、税理士、弁護士
　司＝児童福祉司、保護司
　師＝衛生検査技師、調理師、美容師、牧師、薬剤師、看護師
　史＝女史

レポート構成の概念図

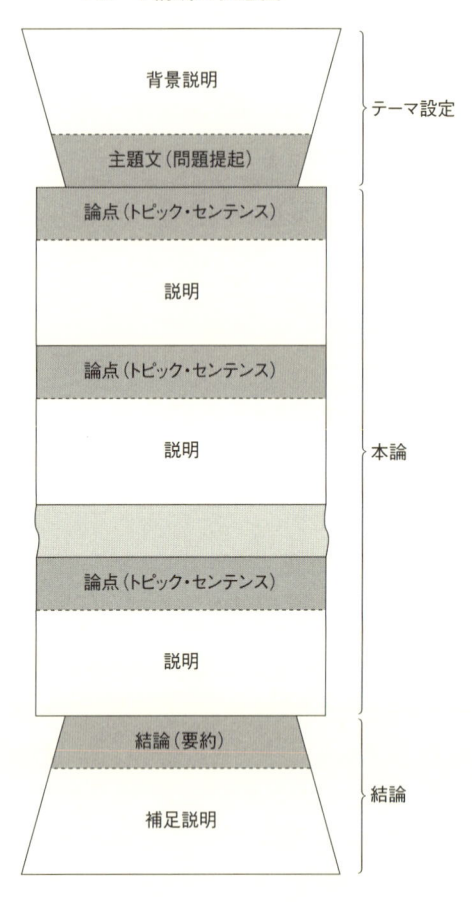

```
┌─────────────────────┐  ┐
│      背景説明        │  │ テーマ設定
├─────────────────────┤  │
│  主題文（問題提起）   │  ┘
├─────────────────────┤  ┐
│ 論点（トピック・センテンス）│  │
├─────────────────────┤  │
│        説明          │  │
├─────────────────────┤  │
│ 論点（トピック・センテンス）│  │
├─────────────────────┤  │ 本論
│        説明          │  │
├─────────────────────┤  │
│ 論点（トピック・センテンス）│  │
├─────────────────────┤  │
│        説明          │  ┘
├─────────────────────┤  ┐
│     結論（要約）      │  │ 結論
├─────────────────────┤  │
│      補足説明        │  ┘
└─────────────────────┘
```

語彙を豊かに　「しゅ」
　主＝国家主席、主将、主題、主犯
　首＝国家元首、首相、首席代表、首脳、党首、首謀者

言論活動の圧迫のように、どこかで起きたいくつかの事例から同様または類似の結果を推測することです。権威による論証とは、信頼できる資料、専門家の考えや主張、研究者の間で受け入れられている理論、信頼できる機関の発表などに依存して、自分の論を展開していくことです。

　大学のレポートでは、常に論証が要求されるわけではありません。本や記事、あるいは講演や授業内容を要約したり、ある出来事や人物について論評したり、歴史的事件、政治や社会の仕組み、企業の取引などについて説明（描写）したり、調査結果を分析したりするレポートもあります。しかし、この場合も、問題提起（主題説明）→本論→結論を、段落に分けて記述するという方法は有効です。

要約・結論

　最後に、これまでの段落で述べたことを要約します。これは、主題の段落とは逆に、まず全体の結論を述べ、それに関連することを補足したらよいでしょう。こうして、一つのレポートが完成することになります。

　結論は、論述したもののなかから導かれるもので、また主題と対応している必要があります。たとえば「衣服の効用は何か」というのがレポートの主題であれば、「衣服の効用は……である」という結論になるはずです。表現方法は各自で工夫してみてください。

注記・引用

　レポートでは、他人の文章や語句、図表、絵や写真、手紙、講演

語彙を豊かに　「しょ」
　所＝出所、所在、所蔵、随所
　所＝刑務所、裁判所、少年鑑別所、保健所
　処＝出処進退、処置、処方
　署＝営林署、警察署、消防署、税務署、労働基準監督署
　処＝補給処（陸上・航空自衛隊の機関）

や録音テープの発言などを利用することがあります。これらには、いわば知的財産として著作権がついていると考えられており、レポートで引用して利用するときは、注記や文献一覧で出典を明らかにする必要があります。著作権と引用については、「手引き（4）」で説明します。またインターネットのウェブサイトや電子メールで得た情報の著作権と引用については、「手引き（5）」で説明します。

(5) レポートの書き方

人によって考え方が違うように、書き方も違います。頭のなかで構想を練り、リサーチしながら書く人もいれば、リサーチを完了したうえでペンを握る（あるいはパソコンに向かう）人もいるでしょう。自分に適した方法を工夫してください。必ずしも「正しい方法」があるわけではありませんが、ちょっとしたコツがわかれば書きやすくなりますから、それを説明しましょう。

ステップ１：思いつくことがらを論点に

まず紙かパソコン画面に自分のテーマを書き、それをじっとみつめながら、疑問に思うようなことがらや関連することがらを考えつく限り書いてみましょう。

たとえば「東京のゴミ問題」がテーマであれば、「一日あたり、どのぐらいの量が収集されるのだろうか」とか、「どんな種類のゴミがどのぐらいあるのだろうか」という疑問がわくはずです。こう

語彙を豊かに　「しょう」
　小＝過小評価、最小限度、弱小、縮小、小憩
　少＝過少申告、最少得点、希少、少額出資、少数派、幼少

した疑問を、「一日あたりの量」「ゴミの種類」「家庭のゴミ」「飲食店やホテルのゴミ」「工場の廃棄物」「繁華街と住宅街のゴミ」「分別」「収集」「収集のコスト」「再利用」「ゴミ捨て場」「メーカー責任」「カラスのゴミあさり」「ゴミ処理場」「処理場と公害」……などと、書き出してみるのです。そのなかから、あなたが重要だと思うものを選び、重要ではないと思うものを捨てれば、自分が書きたいレポートの論点すなわち骨子が見えてくるはずです。

ステップ２：アウトラインを作る

「レジュメ」の場合（44ページ）と同じように、レポートで書きたいことの要点（論点）を並べてみましょう。「東京のゴミ問題」の例でいえば、次のようなアウトラインが考えられます。

```
テーマ　「東京のゴミ問題」
主　旨　「東京都ではゴミをどう処理しているか」
論　点　①東京では、一日あたり、どのくらいのゴミ
　　　　　が出るのか。
　　　　②種類別にはどうなっているか。
　　　　③ゴミ収集はどのようにおこなわれているか。
　　　　④分別されたゴミは、それぞれどこに集めら
　　　　　れ、どのように処理されているか。
　　　　⑤どのくらいの量のどのようなゴミが、再利
　　　　　用されているか。
　　　　⑥ゴミ処理には年間どのくらいのコストがか
　　　　　かっているか。
```

語彙を豊かに　　「しょう」
　性＝荒れ性、苦労性、凝り性、貧乏性
　症＝恐怖症、健忘症、熱中症

> ⑦コストのうち、回収されているのはどのくらいか。
> ⑧その他(メーカー責任、ゴミ処理場問題、カラス問題)。
>
> [例文3-2]

「テーマ」のあとに、「東京都ではゴミをどう処理しているか」とあるのは、このレポートで何を論じようとしているのかを具体的に述べたものです。主旨を書いておくと、テーマがより鮮明になります。

もう一つ、「衣服の効用」というテーマについて、どのようなレポートが書けるか、考えてみましょう。

主旨は、「人間は、世界中どこでも衣服を着ている。生まれてから死ぬまで着ている。それは、いろいろな効用があるからだ。どのような効用があるか、考えてみたい」「衣服をまとっているのは、動物の中で人間しかいない。衣服は、いわば文明の産物なのである。衣服は、人間にとって、どのような意味をもってきたのだろうか」などが思いつくでしょう。

効用についてのレポートであれば、次のような論点が考えられます。

> テーマ　「衣服の効用」
> 主　旨　「人間にとって、衣服にはどのような効用があるか」

語彙を豊かに　　「せい」
　制＝制作(芸術作品などの)、禁制品、体制
　製＝製作(機械・器具の)、作製(物の)、製版、複製
　成＝作成(文書の)、促成栽培

> 論　点　①気温の変化から身を守る。
> 　　　　②虫さされやケガから身を守る。
> 　　　　③裸は非文明的とされるため、「文明人」と
> 　　　　　しての条件を満たす。
> 　　　　④身体的欠点を隠す、あるいは補う。
> 　　　　⑤身繕う、すなわち身なりを整え、自分をよ
> 　　　　　く見せる。
> 　　　　⑥社会的属性を示す。
> 　　　　⑦地域性を示す。
> 　　　　⑧礼儀を表す。
>
> ［例文3-3］

　髪型、化粧、刺青、装身具、帽子、眼鏡なども衣装に含めたら、さらに多くの効用を考えつくでしょう。あるいは上記の①〜⑧のうち、一つだけに絞って論じることも可能でしょう。

　このような主旨もアウトラインも、もちろん、一生懸命考え、そして考えたことを整理しないとつくれません。自分のテーマに沿っているか、各論点の重要度はどうか、相互の関連性はどうか、重複する論点はないか、不要なものはないか――なども吟味しながら、何度もアウトラインを練り上げるうちに、レポートの骨組みができあがることになります。

ステップ3：アウトラインに沿って書く

　「衣服の効用」についてのレポートなら、先ほどのアウトラインに沿って、たとえばこういう構成になるでしょう。パラグラフに注

意しながら、読んでみてください。

実際のレポートは次のようになります。

衣服にはどのような効用があるか

年　組　桜　咲子

　人間は、世界中どこでも、衣服を着ている。生まれた直後から死ぬときまで着ている。それは、いろいろな効用があるからだ。①どのような効用があるか、考えてみたい。

　②衣服の効用は、第一に、気温の変化から身を守ることにある。人間は恒温動物であるが、一部の動物と異なって厚い毛皮に覆われているわけではなく、熱帯動物や寒帯動物のように特定の地域に生息しているわけでもない。そのため、人は自然の気温に身をさらすと、風邪をひいたり、凍傷になったり、熱中症にかかったりして、ときには死ぬことさえある。そこで、寒い地方では寒さから、暑い地方では暑さから体を保護するために衣服を着用する。同じ地域でも、同じ理由で冬は厚着、夏は薄着をする。冬は、さらに、マフラー、帽子、手袋、厚手の靴下、長靴などで身を固め、夏はＴシャツ、半ズボンといった軽装になることもある。家を衣服の延長と考えれば、クーラーや暖房機が同じ役割を果たす。

　③第二に、虫さされやケガなどから身を守るのも、衣服の効用だ。裸でいると、蜂に刺されたり、紫外線による水ぶくれができたり、転んだときに傷ができやすかっ

たりする。子供たちのケガも、服におおわれている部分より、おおわれていない顔、手、足などに多い。虫よけのため体の露出部分にスプレーをかけるのは、スプレーに衣服の代用をさせているのである。同じように、紫外線の強い日に顔や手に日焼け止めを塗り、サングラスをかけ、あるいは風通しがよくてつばの広い帽子をかぶったり、日傘をさしたりする。これも、いわば衣服の効用である。

　④<u>衣服には、身を飾るとか、変身する、という効果もある。</u>多くの人は、単に温度の変化とかケガから身を守るという実用的な目的で衣服をまとうのではない。日本には「馬子にも衣装」、西洋には「仕立屋が人を作る」という諺があるように、人は服装で他人を判断することが多い。そのため、人は、屋内ではともかく、屋外ではできるだけ他人からよく評価される、あるいは他人によい印象を与える服を着用する。ときには、変身するために衣服を用いることもある。有名人を真似したファッション、茶髪、あるいは日常から想像もできない衣装や化粧をするのは、そのためだ。また、役者がさまざまな役を演ずることを可能にしているのも、化粧、ひげ、カツラ、衣服などで変装できるということが大きい。

　⑤<u>衣服には、機能的だという効用もある。</u>かつては「旅装束」というのがあって、旅をするのに便利なように作られていた。寝間着、運動着（それも、スポーツの種類によって多種多様）、仕事着（農業者用、とび職用、会社用などにわかれる）、芸能着（能と歌舞伎では違う。役によっても異なる）などは、用途に応じて着用するよ

うにできている。

⑥衣服は、人の社会的属性を示すこともある。制服がよい例だ。警官、警備員、兵士、駅員は、それぞれの職業が一目でわかる制服を着ている。医師、看護師、薬剤師などは、職場ではほとんどが白衣だ。お坊さんに袈裟、キリスト教の牧師には儀式服がある。デパートやパン屋さんなどにも、決まった作業衣がある。学校の制服は、中学生とか高校生であるというだけでなく、どこの学校に所属しているのかということも示す。男の子の服装、女の子の服装というのも、衣服が社会的属性を示す例である。かつての日本の士農工商は、それぞれの階級に応じて服装や髪型が決められていた。

⑦また、衣服が地域性を示すことも多い。熱帯地方と寒帯地方の衣服は、素材も、形も、色も異なる。ヨーロッパ、アジア、中東、アフリカでも服装は異なる。国あるいは地域によって民族衣装というのがあって、履物、服、髪型、飾り物などが異なることもある。都市、農村地帯、山岳地帯、砂漠地帯の衣服にも、それぞれ独特の特徴がある。

⑧衣服には礼儀を表す、という側面もある。冠婚葬祭のときの礼服がまさにその例だ。しかし、必ずしもこのような特殊な場合でなくても、人々は職場で礼儀にかなったスーツ、革靴、ヘアスタイル、化粧などによって他人に接するし、誰かを訪問するときも失礼にならない服装にする。

⑨このように、衣服にはさまざまな効用がある。衣服は、身を守るだけでなく、人を変身させ、人に社会的属

> 性を与えたりする。日本では、生まれたばかりの赤ちゃんに産着を着せ、死んだ人に死装束をさせる。産着には悪魔払い、死装束にはあの世への旅立ち、という意味が込められているようだ。復活思想のあるキリスト教では、死人はドレスアップするという。こういう習慣は、衣服が人間にとって、いや死人にとってさえ、不可欠なものであることを示している。　　　　　　　　［例文3-4］

　「衣服の効用」に関する上のレポートは、参考のために例示したもので、資料調査（リサーチ）なしに書いてみたものです。どのように論点が整理され、説明されているかを学んでください。

　最初のパラグラフがレポートの要旨を述べたもので、①は全体の主題文です。このパラグラフは、①の主題文の背景を説明したものであることを覚えておきましょう。背景説明→主題文、という形です。もちろん、主題文はいつも「考えてみたい」という書き方でなくともよく、「このレポートでは、衣服の効用について検討する（または考察する）」とか、「衣服にはどのような効用があるだろうか」という表現法もあるでしょう。

　二番目のパラグラフ以降は、衣服の効用をいくつかの点から検討してみたものです。②から⑧まで番号を付したパラグラフの最初の文、すなわち下線を引いた文が、それぞれの段落のトピック・センテンスです。ここでは、トピック・センテンス→補足説明という形になっています。まず論点を述べてから、その論点の細部を説明するという形です。パラグラフは「第一に……である」「第二に……だ」という表現で始めるのではなく、ときには「なぜ人は地位や職

務内容によって服を着分けているのだろうか」というような疑問文を挙げて、それに答える形をとるのも効果的です。

　ここで、②から⑧までのトピック・センテンスが、いずれも冒頭の①(全体の主旨)と強く関連していること、ただ思いつくままに並べたのではなく筆者が重要だと考えた順序に並べたものであること、またそれぞれのパラグラフがそれぞれのトピック・センテンスと強く関連した内容であることを、確認しておきましょう。すなわち、それぞれのパラグラフはあるトピック・センテンスを柱にしてまとまりをもつものであり、レポートは主題文を柱にしたまとまり(関連性、一貫性)をもつものです。重要な順と書きましたが、論理にしたがってもっとも基本的な点からもっとも複雑な問題へ、あるいは時系列に沿って、あるいは地域別に論を展開することもあります。

　最後のパラグラフ⑨は、「結論」に相当します。最初のパラグラフとは逆の構造になっていることに気がつきましたか。すなわち、これまで論じたことにもとづいて、まずレポート全体の結論(下線部分)を述べ、あとはそれを説明し、あるいは補足する形になっています。

　文献を引用したレポートの例については、「手引き(4)」を参照してください。

(6) レポート作成の注意事項

　ここで、レポートを作成する際に注意すべきことを、いくつか挙

語彙を豊かに　「そう」
　壮＝強壮、壮観、壮挙、壮大、大言壮語
　荘＝山荘、荘厳、荘重

げておきます。

書式と道具

　レポートは、担当教員から指定された原稿用紙、レポート用紙、あるいはワープロ用紙に、指定された方式（縦書き、横書きなど）で書きます。あるいは、そういう指定がまったくなく、学生の選択にまかされる場合もあります。

　原稿用紙、レポート用紙、ワープロ用紙の使い方については、「手引き（1）」であらためて説明します。原稿用紙やレポート用紙に鉛筆で手書きする場合、できるだけHBや2Bなど、適度に濃いものを使うようにします。

コピー（盗作）

　レポート作成がいっこうに進まず、困ったあげく、盗作した内容を含むレポートを提出する学生はあとを絶ちません。なかには、本の一部やインターネット情報を、まるまるコピーしたものを提出する豪傑（？）もいます。コピー機がはんらんしているうえに、インターネットで簡単に情報を入手して自分の文中に「ドラッグ・アンド・ドロップ」※できるので、あまり罪悪感はないのかもしれません。

　しかし、本や新聞・雑誌記事、あるいはインターネット情報をコピーして、あたかもあなた自身が書いたかのようにしてレポートを提出するのは、自分自身に対する裏切りであり、倫理的にも許されることではありません。これは、学則だけでなく、国の著作権法にも違反する犯罪行為です。著作権については、「手引き（4）」で説

　※ドラッグ・アンド・ドロップ（drag and drop）　マウス操作によって、コンピューター画面上でデータやファイルを移動すること。

明します。あなたが授業Aで提出したレポートのコピーを授業Bに提出するのも、ルール違反です。

引用

　ただ、あなたの考え方を補強するために、誰かの説や文章の一部を、情報源を明らかにしたうえであなたの文章に使うのは、慣例として許されています。実際、修士論文や博士論文などの学術論文は、数多くの文献から引用してはじめて成り立っています。ただし、いくら情報源を明らかにしたといっても、レポートの2分の1とか3分の1が他人の書いたものをそのまま引用したり、言い換えたりしたもので成り立っているというのは、明らかに行き過ぎです。引用は、あくまで、あなたのレポートを補強するためのものですから。

　一般常識、あるいはどこでも手に入る事実は、情報源を示す必要はありません。たとえば「米国は1776年に建国された」とか「日本国憲法は第21条で表現の自由を保障している」といったのがそうです。ただし、たとえば室町時代の推定人口のように、特定の研究者が研究によって探り出した事実は、出典を示す必要があります。

　地名なども公有財産であり、特定の研究者の著作物ではありません。したがって、引用文のなかに地名がでてきて、それが著者によって異なる場合は、引用文からはずして、正式な名称または一般的に通用している名称を使えばよいのです。いろいろな著者の資料をもとに書いた論文で、「アメリカ」「米国」「合衆国」「合州国」「アメリカ合衆国」「亜米利加」「美国」「U.S.」などと記したら、読む人は混乱するでしょう。どれか一つに統一しましょう。やむなく引用文

の一部として使用せざるを得ない場合は、その呼称が特殊であろうと間違っていようと、原著者の表現を尊重します。ただ、「アメ国」や「合唱国」のようになっておれば、その言葉のあとに（ママ）と書いて、原著者の表現または誤記であることを示すようにした方がよいでしょう。

　引用の方法については、「手引き(4)」で、あらためて説明します。

客観的な表現

　「客観的な表現」については、すでに書いたとおりです。繰り返すことになりますが、「主観的」というのは、たとえば、自分の思いや体験にもとづいて意見を述べる場合があてはまります。「私（ぼく）は……と思う」のような文章は、まさに感想文にありがちな主観的な文章です。「わが国」は「日本」（あるいは韓国人にとっての「韓国」、アメリカ人にとっての「アメリカ」）という表現より主観的です。なぜか、考えてみてください。

　「私たちは……すべきだ」のような断定的な表現、「……と言えないだろうか」とか「人々に不安はないのだろうか」のようなあいまいな表現、「この問題を調べる過程で、私は多くのことを学んだ」とか「とても勉強になりました」のような相手に媚びるような表現は、レポートではできるだけ避けた方がよいでしょう。

蛇足

　結論を述べたあと、「いわずもがな」のことを書く学生がいます。たとえば、衣服に関するレポートですと、「このレポートで、衣服

語彙を豊かに　「そく」
　即＝即応、即座、即席、即答、即売、即効薬
　速＝早速、速成、速達、敏速、速戦即決

のもつ素晴らしさを改めて実感した」と書くようなことです。「原子力発電は是か非か」に関するレポートでは、「私たちは環境汚染についてもっと真剣に考えたいと思います」と書いたりします。「世界平和が達成されるよう、今こそ人々は最大限の努力をする必要がある」のような、常識的あるいは教訓的な表現もあります。こうした述懐は、小中学校の作文で「空が青くて、とても感動しました」「私も主人公のようになりたいです」と書いた名残かもしれませんが、レポートのテーマや議論から離れているだけでなく、あまりに「決まり切った」コメントである場合が多いので、読む側に評価されません。省略すべきです。

提出する前に読み直す

　レポートの命はもちろん内容です。しかしいくら内容がよくても、文字や文章がきちんとしていなければ読む人に苦痛を与えてしまい、内容まで疑われてしまいます。提出する前に、きちんと推敲しましょう。推敲とは、通常、文学作品を書く際に最適の字句や表現を探し求めて練り上げることを意味しますが、レポートでも必要です。レポートの場合の推敲では、誤字（ワープロの変換ミスなど）はないか、表現は適切か、符号（句読点やカッコなど）は正しく使われているか、それぞれの文はきちんとつながっているか、論点はきちんと説明されているか、全体の流れはどうか、主題文と結論はつながっているか、などに気をつけます。

　ワープロには「文章校正」機能がついていますが、それを使っても必ずしも誤字や表現の間違いがみつかるとは限りません。理解し

語彙を豊かに　　「たい」
　体＝字体、体制、体勢（体の構え）、変体仮名（この場合の変体はふつうの体裁と異なるとの意）
　態＝形態、事態、態勢（物事に対する構えや状態）、変態（異常な性質・状態、あるいは形態を変えたものの意）

やすい文章になっているかどうかもわかりません。推敲は、ワープロに頼らず、紙にプリントアウトして自分の目と手でやりましょう。

提出

レポートは、バラバラにならないよう、必ずホッチキスなどで止めて提出しましょう。指定された期限を守るのはいうまでもありません。

フロッピーや電子メール（ファイル添付）で提出する方法もあります。しかし、レポートをコンピューター画面で読み、点検するのは、多くの教員にとってあまり歓迎すべき作業ではありません。ソフトウェアの互換性に不備があるため、ファイルが壊れたり読めなかったりする場合もあります。たとえ正常に受信できたとしても、きちんと読むためにはあらためて紙にプリントアウトせざるを得ません。したがって、紙ではなく電子メールなどで提出する場合は、事前に教員の了解をとっておくのが賢明です。

（7）ブック・レポートの書き方

ブック・レポートというのは、読んだ本の内容を要約したものです。書評（ブック・レビュー）や読書感想文ではないので、とくに指示がなければ、批判や感想を書く必要はありません。ここでは、小説や手記の類ではなく、歴史、政治、国際関係、社会学、人類学のような分野における学術書や教養書を選んだと仮定しましょう。

語彙を豊かに　「とう」
　倒＝圧倒、一辺倒、七転八倒、打倒、転倒
　到＝殺到、周到、到着、到底
　統＝統一、統合
　当＝当然、当意即妙
　等＝等圧線、等価、優等　　　　　投＝投影図

まず、下記のように、「ブック・レポート」という表記につづいて、著者名、本のタイトル、出版社、出版年を書きましょう。

ブック・レポート
ポール・ゴードン・ローレン（大蔵雄之助訳）『国家と人種偏見』
（TBSブリタニカ、1995）

[例文3-5]

次に、本のテーマ（主題）、そして本の主な内容を述べましょう。「目次」や「まえがき」を参考にすると、まとめやすくなります。著書のキーワードを使用するのはやむを得ないとしても、著者の文章をそのまま書き写す（コピーする）のは避けましょう。

あえて感想を書く必要はありませんが、その必要があれば、著者がこの本を書いた理由、この本から学んだことや興味深かったこと、理解しやすかったかどうか、著者の分析や主張についてどう思うか、などについて書いたらよいでしょう。もちろん、単に「この本から多くを学んだ」とか「難しくて理解できなかった」といった一般的な感想ではなく、どういうところを学んだのか、どの点が難しかったかを説明する必要があります。

「読んで批判（または批評）せよ」という指示がある場合は、本の内容やそこに記されている事実関係について、あなたがこれまで学んだことにもとづいて、あるいは他の本や論文と比較しつつ批判（批評）します。

語彙を豊かに　「とぶ」
　飛＝家を飛び出す、一足飛び、飛び石連休、飛び出しナイフ
　跳＝跳び上がって喜ぶ、縄跳び、寝床から跳び起きる

第4章
卒業論文の書き方

(1) 論文作成の作法

　大学によっては卒業論文（卒論）がないところや、卒論の代わりに何単位分かの科目を履修させるところもありますが、多くの大学では卒論を提出してはじめて卒業できます。その場合、通常は、3年次と4年次に演習（ゼミ）を受け、ゼミのまとめとして卒論を書くことになります。卒論を課している大学や学部には、『卒論マニュアル』みたいなものがありますから、必ずそれを手に入れて、参照するようにしましょう。

ゼミを選ぶ
　ゼミというのは、「ゼミナール」の略で、ある分野を専門とする教員のもとに編成された少人数のクラスで、学生が発表（プレゼンテーション）や討論を通じて主体的に学習する授業のことです。フィールドワーク（現地調査）をやる場合もあります。ゼミの形式は

語彙を豊かに　「なか」
　中＝部屋の中、中入り、中だるみ、中休み、箱の中身
　仲＝犬猿の仲、仲たがい、仲間、仲良し

教員により異なりますが、基本的には教員が一方的におこなう講義と異なり、ゼミでは学生が主役で、教員はアドバイザー的な役割を果たします。

　卒論はゼミの一環として書くわけですから、どういう分野を専門とするどの教員のゼミをとるか、ということが出発点になります。そのためには、あなた自身が、どういう分野にもっとも関心があるのか、どの教員のゼミがその分野にもっとも近いか、をみきわめる必要があります。

　事前にその分野に関する科目を履修したか、つまり先修条件を満たしているどうかが問われることもあります。大学によっては、2年次学生を対象に担当教員によるゼミ説明会を開いているので、そのような説明会に出席して分野や内容を確認したらよいでしょう。

先輩の卒論を参考にしよう

　卒論を課している大学や学部には、先輩が書いた卒論が何部か保存されているはずです。優秀論文集をつくっているところもあります。大学・学部によっては、卒論を学外からもアクセスできるインターネット・ウェブサイトに載せているところもあります。たとえば、富山大学社会学コースのサイト（<http://jinbun1.hmt.toyama-u.ac.jp/socio/lab/sotsuron/sotsuidx.html>）、関西大学社会学部土田ゼミ（<http://www2.ipcku.kansai-u.ac.jp/~tsuchida/semi-1st99.htm>）、関西学院大学「ユニーク卒論2002（要旨）」（<http://www. kwansei.ac.jp/information/2002_unique.html>）などです。

語彙を豊かに　　「はじめ」
　　初＝年の初め、夏の初め、初めからやり直す、初めに考えた計画
　　始＝歌会始、仕事始め、……を始めとして

先輩たちがどのような課題に取り組んだのか、どのようなアプローチの仕方をしたのか、どういう文献を参照したのか、そういう学内外の先輩たちの卒論はたくさんのヒントを提供してくれます。大いに参考にしましょう。

レポートと卒論の違い
　卒業論文も基本的にはレポートの一種であり、レポートの書き方のコツは卒論にもそのまま応用できます。すなわち、テーマ選び→主旨説明→リサーチ→アウトライン作成（あるいはアウトライン作成→リサーチ）→文章化、という要領です。
　しかし、卒論が普通のレポートと異なる点もあります。
　たとえば、レポートと比べて、より独創的（オリジナル）で、より高度の、より充実した、より客観的な内容のものが求められます。そのため、専門書や研究論文を読んで専門家の見解を参照したり、一次資料や公的な統計資料を探したり、社会調査をおこなったり、さまざまな角度から考察したりする必要があります。何度か書きなおすことも珍しくありません。
　レポートより準備期間が長くなります。通常は、卒論指導の担当教員のアドバイスを受けながら、4年次の春から始めて、12月か翌年1月初旬までに書き終えます。3年次から準備にとりかかる場合もあります。
　分量は大学や専攻分野によって異なりますが、文系だと、通例、レポートよりかなり長いもの（たとえば原稿用紙50枚＝2万字程度、またはそれ以上）が要求されます。

語彙を豊かに　　「はなれる」
　放＝手放しで喜ぶ、放し飼い、見放す
　離＝学校から離れたグラウンド、握った手を離す、離れ島、離れ業

(1) 論文作成の作法

卒論には、表紙、序論・本論・結論という構成、注と参考文献というように、あらかじめ決められた形式があります。

　注の書き方や参考文献の示し方は、専攻分野によって異なり、多くの場合、大学や学部によって指定されます。

　様式（フォーマット）も決まっています。最近は原稿用紙を使わず、ワープロで印刷用紙に書くよう求める大学が増えています。用紙サイズだけでなく、ページ設定（行数、1行の字数、上下左右の余白部、書体、文字のサイズ）も決まっている場合があります。

　仮題目（表題）や論文要旨の提出期限、そして論文そのものの提出期限が定められており、口頭試問（面接）がおこなわれる場合もあります。論文の提出期限はきびしく、1分でも遅れたら受理しない、したがってその学年度の卒業を認めない、という大学もあります。

テーマの設定

　テーマの選び方については、レポートのところで書いたとおりです。卒論の場合、学生はすでにどこかのゼミに所属しているわけですから、ほとんどの場合、そのゼミが扱う分野内で、ゼミ担当教員と相談しながら決めるようです。学生は、自分がぜひやりたいと思うテーマを具体的に絞り込んでから、教員と相談したらよいでしょう。これというテーマが思いつかなければ、いくつか候補を考えておいて、教員のアドバイスを受ける、という方法もあります。自分では思いつかないから先生に決めてもらおう――というのは、安易すぎます。

　テーマの探し方については、「手引き(3)」であらためて触れます。

語彙を豊かに　　「ひとり」
　一人＝一人旅、一人っ子、一人ひとり、一人息子
　独り＝独り合点、独り言、独りぼっち、独り者

仮説

 仮説とは、何か（事象や法則）について説明するためにとりあえず設定された説のことです。仮説が正しいことがわかれば、法則あるいは理論として認められます。通常、自然科学や心理学などの研究では、まず仮説を立て、それが正しいかどうかを実験や調査によって検証していきます。

 文系の論文でも、常に仮説が必要というわけではありませんが、仮説にもとづいて論じてみることも大事です。何かを説明しようとするときに、一般的な常識や社会的に受け入れられている結論とは異なる、別の根拠や方法がみつかるかもしれないからです。つまり独創性のある論文が書けるかもしれないからです。たとえば、1990年代になぜレッグ・ウォーマーが女子中学生の間に流行したかについて、あるいは2002年9月にニューヨーク、ワシントンなどで発生した同時多発テロの原因について、あなたなりの説（仮説）を考え出してみて、それが実際に正しいかどうかを事実にもとづいて調べてみる、すなわち検証してみるのです。

論証

 卒論に限らず、論文と称するものでは、論証が重視されます。論証とは、根拠（論拠）を示して論じることです。論証しながら書くことを論述する、といいます。第3章でも述べましたが、基本的には、次のような方法があります。

　因果関係による**論証**　　生物は、病因（原因）があって病気（結果）になります。タバコとガンの因果関係も立証されています。社

語彙を豊かに　「ぶ」
　不＝不格好、不器用、不作法、不用心
　無＝無愛想、無遠慮、無精、無粋、無礼、無事

会的事象についても、社会における銃の普及と銃犯罪の間には因果関係（相関関係）があり、特定の戦争（結果）には領土問題、民族対立、宗教的対立、覇権争いなどの原因があることがわかっています。貧困や教育水準と民主主義の発展、人口規模と経済成長、選挙制度と投票率の間には、どんな因果関係があるでしょうか。このように、さまざまな原因を調べ、結果との関係を検証していく、というのが因果関係による論証です。

　推論による論証　　これは英語のinferやreasonに相当します。たとえばinferには、「［根拠・事実などから］……と推論［推定・推理］する」、またreasonには「論理的に説く」という意味があります（いずれも、研究社『新英和大辞典』）。因果関係ほど明確ではないが、経験上、あるいは論理上、説明できる場合、推論による論証が可能になります。たとえば、選挙の結果は日本では候補者のいわゆる三バン（地盤、看板、金庫番）に左右されるといわれます。候補者の主張や地域住民の意識も要因になり得るでしょう。歌手の人気は、声や歌唱力はもちろん、訴求力、宣伝、人間的魅力、表情やしぐさ、年齢などが影響しているのかもしれません。

　権威による論証　　権威のある研究者の著書や論文、権威のある機関（国連、国連所属機関、政府など）の公文書や報告書などをよりどころにして、論証することです。つまり、これらの著書、論文、報告書などで示された事実、結論、論理、統計数字などを、とりあえず権威あるもの、信頼できるものと認め、これらを論拠にして自分自身の考え方を述べていくのです。国内情勢や国際情勢の推移を書くのに、たとえば新聞や週刊誌をよりどころにするのは、適切で

語彙を豊かに　　「ほしょう」
　保証＝保証金、保証書、保証付き、身元を保証する、連帯保証
　保障＝安全保障、人権の保障、社会保障
　補償＝災害補償
　※保証は一般的用法。立場・権利などが侵害されないように守るのが保障。

しょうか。新聞は、そのときどきの情報や雰囲気にもとづいて編集されることが多く、日本の週刊誌は興味本位な内容になりがちなので、権威あるものとは認められません。その場限りの政治家や評論家の発言にも、同じことがいえます。

なお、必ずしも権威あるとはいえないかもしれませんが、歴史的な人物でなくても人びとの残した日記や手紙、特定の分野における専門家とされる人びと（伝統工芸家、猟師や漁師、教育者、NGO指導者など）の話、あなた自身の現地調査やアンケートの結果なども、それに準ずるものとみなされます。

注記・引用

卒業論文は論拠を示しながら書く（論述する）、と述べました。論拠として他人の説や言葉などを借用する場合、これを「引用」といいます。引用（citation）には、直接引用と間接引用の二つの方法があります。本や論文や手紙などから語句や文章を引っ張ってくる（借用する）のが直接引用で、その場合は引用した部分を引用符（「」）でくくります。元の資料から語句や文章をそのまま引用せずに、内容を言い換えたり、要約（パラフレーズ）するのが間接引用です。

いずれの引用の場合も、「注記」で出所（出典）を明らかにする必要があります。出典は、文中に入れる方法と論文の最後にまとめて書く方法があります。また、ときには、文中の語句や事実を、補足説明する必要があります。これも注記に入れます。

注記と引用については、「手引き（4）」を参照してください。

語彙を豊かに　「まざる、まじる」
　交＝漢字かな交じり文、ため息交じり、お年寄りたちに若者が交じって
　混＝絵の具を混ぜる、雑音が混ざる、混ざり物、混ざり合う

(2) 卒業論文の形式

卒業論文の形式（書式）は、大学や専門分野によって異なる場合が多いので、ここでは基本的な形を示すことにします。

表紙

表題（タイトル）、提出年月日、氏名、学籍番号などを指定の形式にしたがって記します。表題は、卒論の内容を簡単明瞭に要約したもので、いわば卒論の名前であり顔です。できるだけ20字程度以内にまとめるか、それだけでは不十分なら、表題を補足する副題（サブタイトル）をつけてもよいでしょう。

目次

レポートの内容を章や節に分けて掲げます。章や節には、短いタイトルとページ番号をつけます。目次は、論文のアウトライン地図を示したものです。各章や節が、それぞれ内容的に一つの固まりを作っているだけでなく、相互に順序よく関連しあっているようになっているか、確認しましょう。

構成

以下の序論、本論、結論は、レポート構成の概念図（52ページ）にしたがって組み立てていきます。

この論文で論じたいこと（主題）を示すほか、テーマを選んだ動

語彙を豊かに　「まるい」
　丸＝背中を丸めて歩く、丸顔、丸く収まる、丸腰、丸見え
　円＝円い人柄、円天井、円屋根

機や理由、リサーチの方法(主として文献に依存したのか、アンケート調査や現地調査をおこなったのか、など)を説明します。書き手の問題意識とリサーチの方法論を述べるわけです。

　論文でもっとも重要な部分です。第1章→第2章→第3章……と、説明や論理が展開していくように工夫します。各章とも、最初にその章の主旨を説明し、最後に章のまとめを書くようにしましょう。章はいくつかの節に分け、それぞれに「中見出し」をつけると、全体の構成がさらに明確になり、また読みやすくなります。「中見出し」とは、各節の見出し、ということです。

　序論で述べた論文の主旨や問題意識を念頭において、本論で論じたことの結論を述べます。リサーチは十分だったか、必要な資料は入手できたか、明らかにしようと思いながらできなかった点はないか、といったことにも触れるとよいでしょう。

　論文の最後に注記と参考文献一覧を書きます。注記は、文中、各ページの下、あるいは序論、各章、結論、それぞれの最後に入れる場合もあります。

図表など

　卒論は、文章だけで成り立つわけではありません。必要に応じて、図表、地図、写真、イラスト、数式などもつけるとよいでしょう。図表やグラフの作成はマイクロソフト社の表計算ソフト(エクセル)、また写真のトリミングなどはコンピューターの画像処理ソフトで簡単にできます。図表、写真、地図などはインターネットで容易に入手できます。本来は自分で作成したものを使うべきですが、仕方な

語彙を豊かに　　「やわらかい」
　柔=身のこなしが柔らかい、柔らかい発想、柔らかな物腰
　軟=ご飯が軟らかい、土質が軟らかい、軟らかい話

く他人のものを借用する際は著作権を尊重して必ず出所を明記します。
　アンケート調査で使用した質問票や調査で得た詳しいデータは、論文の最後に「付録」として掲載した方がよいでしょう。

ワープロで作成

　論文はパソコンのワープロ機能を使って書きます。ワープロには、「フォント」「太字」「下線」「インデント」「禁則処理」「検索」「置換」「表作成」「画像処理」「罫線」「文字カウント」「ウィンドウ（並べて表示、分割）」「脚注」「文末注」「図表番号」「ページ番号」「文章校正」「保存」「ページ設定」「印刷レイアウト」「印刷」などの機能がついています。これらの機能を使いこなせると便利です。エクセルを使えば、いろいろな種類のグラフが作成できます。ワープロによるレポート作成については、第5章で説明します。

分量

　卒業論文の長さ（分量）は、大学や分野によって異なりますが、文系だと2万字程度が一般的なようです。表紙と目次に続く序論が数百字～1千字、本論が1万数千字、結論が数百字～1千字、それに注記と参考文献一覧を加える、というのが、およそのメドと考えたらよいでしょう。ただし、大学によっては、目次と参考文献一覧は枚数に数えません。

レイアウト

　論文は、形式だけでなく、デザイン（レイアウト）も大事です。

語彙を豊かに　「れん」
　練＝修練、試練、練習、練乳
　錬＝鍛錬、錬金術、錬磨、精錬

見た目によい、内容に合ったレイアウトを工夫してみましょう。ただし、いろいろな種類の活字や色を使った派手なレイアウトは、大学のレポートでは避けた方がよいでしょう。

　章や節の見出しの位置、字体、文字の大きさ、図表などの位置や大きさなども工夫しましょう。見出し、本文、図表などをただ漫然と並べてある論文より、各ページがバランスよく、そして読みやすいように構成されている論文の方が、読み手の印象をよくします。それだけではなく、こうした工夫も、あなたが思考を整理するのに役立つはずです。

提出

　卒論は、すでに述べたように、それぞれの大学や学部で定められた様式にしたがって、期限までに提出します。電子メールにワープロ・ファイルまたはPDFファイル※として添付して送る方法もありますが、現在のところ、電子メールで卒論を受け付ける大学はほとんどないようです。ただし、紙に印刷して綴じた卒論とは別に、メールやフロッピーで提出させて、インターネットに掲載する大学はあります。

(3) 序論・本論・結論

　これで、卒論とはどういうものかがわかったと思いますので、序論、本論、結論の書き方についてより具体的に説明しましょう。書

※ PDFは、アドビシステムズが開発した電子文書フォーマット Portable Document Format の略。すべての文書のフォント、画像、レイアウトなどがそのまま保持できる。

く順序は、担当教員の方針、あなた自身の性格や準備状況、テーマ、内容などによって異なります。一般的にいえば、序論はもっとも書きにくいので、本論から書き始めた方がよいのかもしれません。本論から書き始める場合でも、論文の主旨と序論を常に念頭においておく必要があります。

実際の卒業論文を例にとって、その構成を分析してみたいのですが、スペースの都合で例文全体を示すことはできません。そこで、先輩の卒論はインターネットや学内で発行されている卒論集などで見てもらうことにして、ここでは論文に近く、しかも図書館や書店で容易に入手できる唐沢孝一『カラスはどれほど賢いか』（中央公論社、1988年）を参考に、論文の構成をみてみましょう。

序論
序論は、あなたの問題意識を示すもっとも重要な部分です。あなたの論文の主旨（中心となる考え）や目的は何でしょうか。それを、一つの文に要約してみましょう。この文（主題文）は、表題をひらたく説明したようなものがいいでしょう。どういう経緯で、あるいはなぜこのテーマを選んだのでしょうか。このテーマを調べることに、どのような意義や価値があるでしょうか。そもそも、このテーマを通じてあなたが調べたいこと、明らかにしたいことは何でしょうか。このテーマについて、これまでどのような研究がなされてきたでしょうか。どういう方法でこのテーマに迫ったのでしょうか。何らかの理論や仮説にもとづいてリサーチをおこなったとしたら、それはどういう理論や仮説だったでしょうか。リサーチの結果、ど

語彙を豊かに　「わざ」
技＝小技、寝技、技を磨く
業＝荒業、軽業、離れ業

ういうことがわかったでしょうか。序論では、こうした点を、要領よく説明する必要があります。

このように、序論は、あなたの問題意識、テーマへの対応姿勢、リサーチの結果（結論）を示すので、序論をまとめるためにはあなたの思考をきちんと整理する必要があります。あなたの思考を整理するためにも、序論は何度でも書きなおしながらまとめるとよいでしょう。

序論をまとめることができたら、論文の大半は書けたも同然、といっても過言ではありません。しかし、序論にばかりこだわっていると、なかなか論文は仕上がりません。リサーチにもとづいて本論を書いているうちに、自分の問題意識や、それを追究してきた方法をあらためて確認できます。場合によっては本論を書いてから序論を書くのがいい、というのはその意味です。ただ、序文をまとめるのは後回しにする場合でも、序論は常に念頭においてください。

序論を書く際に参照した文献があれば、最後に「注記」をつけます。

『カラスはどれほど賢いか』で、論文の序論に相当する「序章」をみてみましょう。

「野鳥にとって都市とは何か」というタイトルがついているように、まずこの本のテーマ（主題）が示されています。そして、なぜそのようなことに関心をもったのかという「問題意識」、調査結果の概要、調査の意義などが語られています。論文の序論とは少し異なりますが、大いに参考になるでしょう。

(3) 序論・本論・結論

語彙を豊かに　以下に複数の熟語の組み合わせを記します。辞書を引いて、その意味の違い、用法の違いを学んでください。
　異義－異議、運行－運航、得物－獲物、王制－王政、回顧－懐古、改定－改訂、開放－解放、確定－画定、過小－過少、学会－学界、課程－過程、過熱－加熱

本論

　本論は、論文の中心部分です。ここで、あなたが調べ、思考を重ねた結果を、章ごとに順序立てて論じます。章の数が多すぎるとそれぞれの章で論じる内容がうすくなり、少なすぎるとまとめるのが難しくなります。原稿用紙50枚程度の論文なら、5〜6章ぐらいに分けたらよいでしょう。序文と結論を除くと、一つの章が7〜10枚ぐらいの長さになります。多くの本のように、各章は2〜5の節に分けた方がよいでしょう。

　論文を一軒の家だとすると、本文の章は部屋にたとえることができます。居間、勉強部屋、寝室、台所……などが章というわけです。あるいは、いろいろなメニューからなりたっているコース料理にたとえることもできるでしょう。大部屋一つだけの家、大皿にかきまぜた料理ではなく、さまざまなもので構成されていながら、全体として一つに統一されている、という家やコース料理を想像してみてください。各章も、互いに関連しあいながら、一つの論文を構成します。読者は、いろいろな部屋を訪れ、各種の料理を味わえる、というわけです。

　ちなみに、『カラスはどれほど賢いか』は、「第一章　銀座のカラスはカァーと鳴く」「第二章　ヒートアイランドの夜」「第三章　カラスを追跡する」「第四章　都会派カラスの子育て法」「第五章　街中のスカベンジャー」「第六章　カラスの知恵袋」「第七章　カラスの遊戯」……といった章で構成されています。すべてが、表題の「カラスはどれほど賢いか」と序章の「野鳥にとって都会とは何か」と関連していることがわかります。すなわち、各章がサブテー

語彙を豊かに
　観察－監察、観賞－鑑賞－観照、歓声－喚声、基軸－機軸、既成－既製、起点－基点、共演－競演、強行－強硬、競争－競走、局地－極地－極致、群衆－群集、原形－原型、健診－検診、好意－厚意、興行－興業、講読－購読、採決－裁決

マ（小主題）になっており、テーマに沿って、テーマの問いに答える形になっているのです。このように、みずから問いかけて答える、というのは、論文でも参考になります。

この本の例のように、論文も、テーマを中心にすえて、サブテーマ、そして論点ごとに、議論をすすめていきます。各章および各節は、基本的にサブテーマを述べるパラグラフと、そのサブテーマをもとに議論を展開するいくつかのパラグラフで構成します。そして、それぞれのパラグラフは、トピック・センテンスと説明でつくっていきます。

この本の第一章の冒頭にある「夜の銀座」という節をみてみましょう。

> 東京には不思議とカラスが多い。それも銀座や渋谷、新宿といった日本を代表する繁華街のいたるところに群棲している。（略）では、都心でのカラスの生活はどのようなものであろうか。都心の代表的繁華街、銀座を例にカラスの生態を紹介してみよう。
> 　昔から銀座地区にはカラスが多く、早朝の路上で残飯をつつく姿はよく知られていた。（以下、略）
> 　　　　　　　　　　　　　　　　　　［例文 4-1］

(3) 序論・本論・結論

東京のカラスに関する背景説明のあと、パラグラフの最後に「都心でのカラスの生活はどのようなものであろうか。都心の代表的繁華街、銀座を例にカラスの生態を紹介してみよう」と書いています。

語彙を豊かに
　最小 - 最少、時期 - 時機、志向 - 指向、時世 - 時勢、実体 - 実態、修正 - 修整、習得 - 修得、終了 - 修了、純血 - 純潔、紹介 - 照会、食料 - 食糧、新規 - 新奇、侵攻 - 進攻、進展 - 伸展、振動 - 震動、侵入 - 浸入 - 進入、進路 - 針路、生気 - 精気

論文だと、「紹介」は「考察」とか「論じ」と言い換えるでしょうが、著者の問題意識と意図がただちにわかります。

次に、著者は各論に入ります。まず「銀座のカラスが多い」という事実を描き、それにつづくパラグラフで銀座での残飯の出され方やカラスの残飯あさりの実態についての調査の結果を説明し、それから残飯を荒らす際のカラスの行動パターンを分析します。さらに、残飯に群がるカラスと浮浪者とドバトなどのかかわりあい、飲食店が閉店する正月時の状況にも言及しています。論文の本論でも、このように章ごとに議論を展開するとよいでしょう。

結論

結論（あるいは結語）は、序論で提起した問題（テーマ）と、それを踏まえて本論で展開した議論にもとづいて学び得たことです。結論は、できれば序論のところでも述べておいたほうがよいでしょう。ちなみに、『カラスはどれほど賢いか』は、「序章」の最後でこう結論を書いています。

> 確かに都市鳥の生態をみると、人や人工環境を巧みに利用し、自らの習性や行動を変化させ、都市環境に適応してきたことがわかる。都市で入手可能な食物を積極的に利用（するなど）、人や車をはじめ人工照明や騒音といった都市環境にも馴れてきたといえる。
>
> ［例文 4-2］

語彙を豊かに
清算 - 精算、占有 - 専有、対象 - 対照 - 対称、体制 - 態勢 - 体勢、探求 - 探究、地殻 - 地核、調整 - 調製、沈静 - 鎮静、追及 - 追求、適性 - 適正、適用 - 摘要、添加 - 転化 - 転嫁、電気 - 電機 - 電器、伝導 - 伝道、同士 - 同志、特徴 - 特長

しかし、これだけで終わっているわけではありません。上記の文章につづけて、「しかし、都市鳥が都市進出した際に、一つだけ奇妙とも思える現象がみられた。（略）ヒヨドリやツバメ、カルガモ、スズメ、ドバト、キジバトといった都市にすむ話題の鳥類の背後には、都市に群棲する黒いカラス軍団の存在が常に見え隠れしていたのである」と述べているのです。

　これは、テーマを追究した際に意外な事実を発見した、という報告です。「結論」では、このように、結論そのものではないが、それに関連したことも書くとよいでしょう。

　たとえば、あなたの結論（発見）が誰か先行研究者の結論と一致していないか、あるいは異なるとしたらどう異なるか、結論にはどのような意義があるか、資料不足や時間不足などのために追究できなかったこと、あなたの論文にはほかにどういう問題があるのか、といった点にも触れるとよいでしょう。

　結論は、決して完璧なものではないかもしれません。純粋科学と違って、そもそも社会科学や人文学の論文で何かを完全に「立証（証明）する」のは無理です。ですから、立証（証明）できなかったからといって、落胆することもなければ、自分のいたらなさを謝る必要もありません。リサーチを重ねて、あなたなりに事実関係を解明し、「答え」をみつけたのなら、それでよしとすべしです。

学生論文の例

　学生が書いた卒業論文の例をみてみましょう。参考にしたのは、『2001年度桜美林大学国際学部卒業論文集』（桜美林大学国際学部、

語彙を豊かに
排水 - 廃水、普遍 - 不偏、平行 - 並行 - 平衡、民族 - 民俗、明快 - 明解、明記 - 銘記、野生 - 野性、用件 - 要件、擁護 - 養護、要項 - 要綱、容量 - 用量、両用 - 両様、劣勢 - 劣性、精錬 - 精練、露天 - 露店

2002年）です。これには、2001年度卒業生の優秀な論文が13本載っています。たとえば、「日本の稲作農業の生産性の変化に関する研究」「『老年精神病』という問題」「チベットの主権問題に於ける歴史的考察」「外国人労働者の人権問題」「北アイルランドをめぐる対立」「日本の対ベトナム援助に関する考察」「外国人労働者の日本語教育」といった論文です。

このうち、安井絵里さんの「北アイルランドをめぐる対立」を取り上げてみましょう。

まず、「目次」に続く「序章・問題提起」の部分は、北アイルランド紛争の現況を説明し、最後に「北アイルランド紛争とはいったいどのようなものか。複雑に絡む宗教的・民族的・社会的対立、それによって形成されたアイルランド・ナショナリズム、イギリスとの関係といった観点からこの問題を検証し、どのような和解の可能性があるのかを考察していきたい」という論文の意図を述べています。

そして、いよいよ本論です。「第一章：北アイルランド紛争とは」で現在の北アイルランド情勢および紛争の歴史的背景と構造を解説し、「第二章：アイルランドの南北分割——イギリス資本主義におけるアイルランド」でイギリス帝国体制におけるアイルランドの支配・被支配の構造などを論じています。論文は、「第三章：アイルランド・ナショナリズムの構築」「第四章：紛争解決への一考察」とつづいています。

最後は、「終章：総括」です。「長い歴史の中で確立したプロテスタント対カトリック、ユニオニスト対ナショナリストという対立構造を完全に打破することは極めて困難であり時間を要する」、と

誤字をなくそう
　論文やレポートでいくら自信にあふれた主張を展開しても、誤字があるようでは信用してもらえません。手紙を書いても同じこと、用語が不正確では笑われるだけでしょう。次ページ以下のこの欄に載せるのは、著者らが学生の論作文でみつけた誤字の実例集。気をつけましょう。

いうのが結論です。「総括」は、この結論で終わらず、「将来的には北アイルランドはイギリスから分離し、アイルランド共和国として南北統一を果たすべき」と、筆者がみずからの論考から導き出した解決策を示しています。

(4) 引用・注記・文献目録

　卒業論文は、レポートと比べて、より学術的な論文と考えられ、はるかに多くの資料を参考にして作成されます。誰かの説や文言を引用する際、それが引用であることを示すのはもちろんですが、さらに注記でその出典を明らかにします。他人の図表を引用する場合は、その下に出典を記します。また論文の最後に参照した文献の一覧を載せることが求められます。

　安井さんの論文では、「注記」がページ下に、論文の最後に「参考文献」がおかれています。ちなみに、文献として挙げられているのは、本が17冊、論文が11本です。

　引用の仕方、注記、文献目録については、「手引き (4)」で説明します。

(5) 卒論の意義

　卒論には、単なるゼミの仕上げや大学を修了したということ以上

誤字をなくそう　(カッコ内が正しい文字。下線が引かれた言葉はそれ自体は間違っていない用語だが、本来の意味とは違った使われ方をしている誤用の例)
　圧到的 (圧倒的)、新めて (改めて)、以外に (意外に)、以前として (依然)、忙ぐ (急ぐ)、いまに到る (至る)、陰見な人 (陰険)、印像 (印象)

の意味があります。一生懸命自発的に取り組んだことは、生涯の財産になるはずです。

　ある学生の例を紹介しましょう。彼女は、カナダに関するゼミを選んだのですが、最初は興味の対象が漠然としていました。しかし、日本人が好きなソバの原料がどこから輸入されているかに関心を抱き、「カナダのソバ」をテーマに選びました。そのあとは、国内でカナダ大使館や商社を訪ねて話を聞き、資料を集め、さらにカナダのソバ研究所に手紙を書いて助言を受けました。そして、一年後には、カナダにおけるソバ栽培の歴史、ソバの利用法、日加ソバ貿易などについて分析した詳しい卒論にまとめ上げたのです。

　彼女が得たのは、もちろん、カナダのソバ栽培や日本への輸出についての知識だけではありません。調べる力や思考する力もついたでしょう。それ以上に、何かに集中的に取り組んだという満足感、知ることの喜び、そしてやればできるという自信を得たはずです。彼女はソバとは関係のない貿易会社に就職しました。彼女の探究心や目標達成への取り組みが評価されたのではないかと思いますが、どのような職業についたかは問題ではありません。自発的に学んだという達成感こそが大事であり、人生の糧になるのです。

　卒論は、どんなものでも、書いて提出さえすればよい、と考える学生もいるようです。しかし、せっかく与えられた機会です。取り組み方によっては、日ごろの講義から学べない何かが得られるはずです。

4. 卒業論文の書き方

誤字をなくそう
　恐られる（怒られる）、隠やか（穏やか）、重に（主に）、温好（温厚）、回速電車（快速）、快的な（快適な）、仮空（架空）、確心（確信）、確立が低い（確率）、価値感（価値観）、加熱する報道（過熱）、還境（環境）、感心がない（関心）、観声（歓声）、感違い（勘違い）、完壁（完璧）

第5章
手引き

> （1）原稿用紙やレポート用紙に書く、ワープロで書く

　通常のレポートは、原稿用紙やレポート用紙に手書きするか、ワープロで打って印刷します。いずれの場合も、クリップではなく、ホッチキスなどで止めて提出してください。卒業論文は、できるだけワープロで打つようにしましょう。小論文の場合は、志望する学校や企業の指示にしたがいます。

原稿用紙に書く

　最近は、白紙にワープロで打って印刷する学生が増えましたが、まだ原稿用紙に書く学生は多く、また授業によっては原稿用紙使用を義務づけている場合もあります。そこで、原稿用紙を使う場合の注意点をいくつか挙げておきましょう。

　用紙のサイズ（A4、B4、B5など）や方向（縦書き、横書き）は、授業での指定にしたがいます。

誤字をなくそう
　危具（危惧）、気使う（気遣う）、気は熟す（機）、急救車（救急車）、強張する（強調）、魚貝類（魚介類）、口を聞く（利く）、金を苦面する（工面）、雲り（曇り、曇）、激的（劇的）、横浜経油で（経由で）、決果（結果）、結着（決着＝誤りではないが、新聞用語は決着に統一している）

原稿用紙には各種ありますが、ここでは横書きの400字詰め原稿用紙（20字×20行）を例にとって説明します。用紙は、400のマス目からなっています。これのマス目は内枠で囲まれています。その外側は、余白（マージン）です。

　原稿は、提出の日付やページ番号を除いて、基本的にはすべて内枠で囲まれたマス目に書きます。学生のなかには、レポートの表題や自分の氏名を余白部分に書く人がいますが、必ず内枠のなかに書いてください。

　レポートは、通常、「表題」「所属・氏名」「本体」で構成されます。本体とは、表題と所属・氏名を除く本文のことですが、文章を説明するための図表や絵などもそのなかに含まれます。これら三つの要素は、それぞれ分けて考えます。

　まず表題と所属・氏名ですが、レポートが原稿用紙数枚にわたる場合は、別に表紙をつけて、それに書いたほうがよいでしょう。中央よりやや上に表題、下端から3分の1ぐらいのところに所属・氏名を書くと、バランスよく形が整います（図5-1左上）。本文は2枚目の用紙の1行目から書き出します。

　表紙をつけない場合は、1枚目の最初の5〜6行を、「表題」と「所属・氏名」に使います。2行目あたりの中央に表題、4行目右側に所属、5行目右寄りに氏名を書くと、見映えがよくなります。本文は、6行目ないし7行目あたりから書き出すとよいでしょう（図5-1右下）。

　あとは、小学校で習った原稿用紙の使い方を思い出してください。段落の冒頭は、必ず1字下げます。文字や符号（句読点、カッコな

5. 手引き

誤字をなくそう
　現情（現状）、賢明に努力（懸命）、語意（語彙）、講議（講義）、心良い（快い）、個定観念（固定）、弧独(孤独)、言葉使い（遣い）、恐い（怖い）、困乱（混乱）、最限なく（際限）、催足（催促）、撮映（撮影）、残敗（惨敗）、思考錯誤（試行）、<u>自身</u>（自信）、事状（事情）、指適（指摘）

(1) 原稿用紙やレポート用紙に書く、ワープロで書く

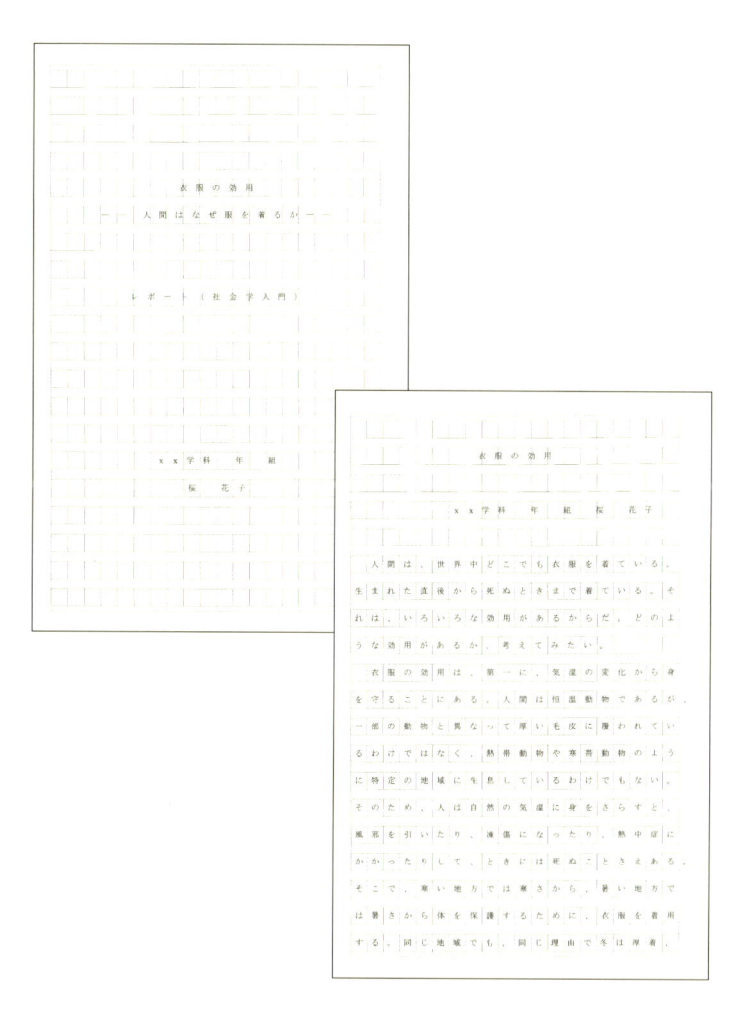

図5-1 原稿用紙の書き方

誤字をなくそう
　自満（自慢）、週間誌（週刊誌）、主都圏（首都圏）、重用視（重要視）、消味期限（賞味）、除々に（徐々に）、真険（真剣）、人生感（人生観）、新品同用（同様）、勢一杯（精一杯）、姓的いやがらせ（性的）、正統化（正当化）、世界対戦（世界大戦）、絶体反対（絶対反対）、専問（専門）

ど）は1マスに一つ入れます。符号が行からはみだしたときは、次の行の頭にもっていかないで、枠からはみだしてもいいですから、その行の最後につけてください（ぶら下げる）。

横書きの場合、ローマ字はU.N.やGDPのような略語は別として、半角文字で書きます。年号や統計などの算用数字も半角にします。

ボールペンや万年筆（黒または青）で書くか、鉛筆で書くかは、担当教員の指示にしたがってください。ただし、鉛筆で書く場合は、B2やHBぐらいの濃さが必要です。それより薄いシャープペンシルは避けた方がよいでしょう。もちろん、読みやすいように、丁寧に書くのは基本中の基本です。

レポート用紙に書く

レポート用紙のサイズ、罫線の有無、ワープロ使用の可否などは、担当教員の指示にしたがってください。レポート用紙に書くときに注意すべきことは、紙面いっぱいに書かないで、上下左右に余白を残すこと、一行一行びっしりと書かないことです。あとは、ほぼ原稿用紙の注意事項と同じです。

ワープロで打つ

ワープロの「ページ設定」で用紙サイズ、余白、文字数と行数を指定します。用紙サイズは、指定のサイズ（たとえばA4）を選びます。通常は横書きとなります。

余白は「上35mm」「左右30mm」「下30mm」くらいにするとよいでしょう。文字数と行数は、レポートの種類などによりますが、

誤字をなくそう
相定（想定）、対象的（対照）、例しに（試しに）、淡麗（端麗）、飛行機が堕落（墜落）、的当（適当）、徹去（撤去）、撤底（徹底）、手張（手帳）、店当販売（店頭）、頭初（当初）、動入（導入）、特意（得意）、脳み（悩み）、眼い・寝むい（眠い）、日昼（日中）、電車を乗り変える（乗り換え）

(1) 原稿用紙やレポート用紙に書く・ワープロで書く

基本的には10.5〜12ポイントの明朝体の文字を使い、1行35〜40字、1ページの行数30〜35程度がよいようです。行間や字間があきすぎると見映えが悪く、狭すぎると読みにくかったり、教員がコメントを書き込むスペースがなくなったりするので、気をつけましょう。なお、「ヘッダー」を利用して日付やレポート番号、「フッター」を利用してページ番号を入れることができます。

　原稿用紙の場合と同じように、表紙をつけるか、そうでないときは1枚目の最初の数行分を表題と所属・氏名にあてます（図5-2）。

　ワープロは、通常、すでに「自動行頭・行末処理」機能が設定されているはずです。その機能によって、段落の冒頭は1字下げになり、行末の句読点が「ぶら下がる」ことになります。行末の長い英単語も次の行に移ります。この機能が設定されていない場合は、「書式」→「段落」→「インデント」を開いて、インデントを「1字下げ」として、「段落」→「体裁」を開いて「禁則処理」をします。

　ワープロには、そのほかにも、「検索」や「脚注」（文末注）「印刷レイアウト」「見出しマップ」など便利な機能がついているので、習熟すると便利です。

　なお、マイクロソフト社のワープロソフト（ワード）にある「原稿用紙ウィザード」などを使えば、コンピューターで原稿用紙に書くことも可能です。「新規作成」→「論文・報告書」をクリックすると、このウィザードがあらわれます。あとは用紙サイズや縦・横などを指定して、文字を打ち込めばよいのです。

　ただし、ワープロの変換ミスには注意しましょう。「以外」を

誤字をなくそう
　晩回（挽回）、必用（必要）、火の打ちどころのない（非の……）、微妙な（微妙）、不可決（不可欠）、不思義（不思議）、不難（無難）、声を振るわせる（震わせる）、需囲気（雰囲気）、粉失（紛失）、便理（便利）、保健証（保険証）、捕助（補助）、保導（補導）、満画（漫画）、枕下（枕元）

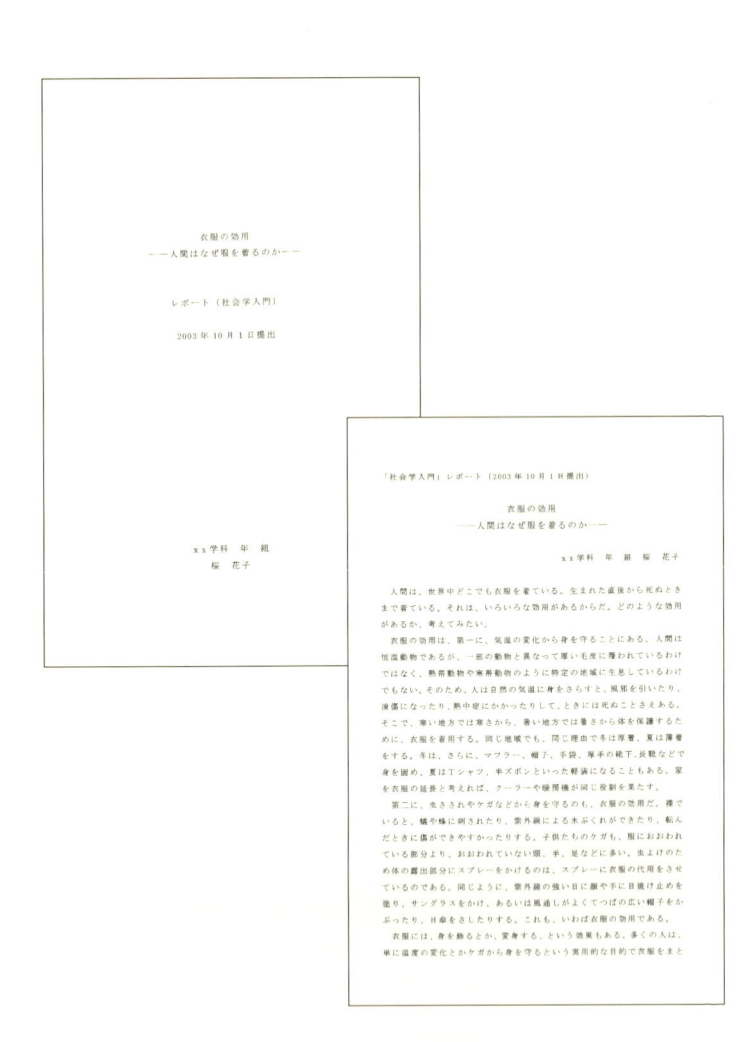

図 5-2　ワープロ原稿

5. 手引き

誤字をなくそう

　見近な・身短な（身近な）、無中（夢中）、目指まし時計（目覚まし）、面到（面倒）、有柔不断（優柔不断）、誘道（誘導）、悠々と（遊々）、要件をすます（用件）、用件を満たす（要件）、用するに（要するに）、容領が悪い（要領）、予裕（余裕）

「意外」、「選択」を「洗濯」、「当時」を「当事」、「国歌」を「国家」と思わず書き間違えるのが「変換ミス」のいたずらです。「意志」と「意思」、「体制」と「態勢」、「保険」と「保健」、「異同」と「異動」、「若輩」と「弱輩」、「競争」と「競走」、「務める」と「努める」、「初め」と「始め」のように、どちらが正しいのか、迷うこともあります。迷ったら、辞書で確認しましょう。

また、原稿用紙の場合と同じように、U.N.やGDPのような略語は別として、ローマ字は半角文字で書きます。年号や統計などの算用数字も半角にします。

ワープロを使用する場合、もちろん、資料や書いたもののバックアップをとっておくことも大事です。バックアップをとっておかなかったために、締め切り間際になって、何週間、何か月もの努力が泡となって消えてしまっては、取り返しがつきません。

(2) 符号の使い方

符号とは、句読点（マルやテン）やカッコなどのことです。英語にも、ピリオド、疑問符、感嘆符、コンマ、セミコロン、コロン、引用符、カッコ、ハイフンなどがあり、最近は日本語の横書き文にこうした欧米の符号が使われる例が増えてきました。こうした最近の傾向を念頭に入れながら、符号の使い方に関するルールを説明します。

誤字をなくそう
　練絡（連絡）、若毛のいたり（若気のいたり）
　※同音異義語の取り違いが目立ちます。たんねんに辞書を引いて弱点の克服に努めることが大事です。

句読点　句読点については、あらためて説明する必要はないのかもしれません。文の終わりには句点（「。」）、文中の区切りには読点（「、」）をつけるというのは、私たちが小学生以来習ってきたことです。

しかし、横書きの文章では句点の代わりにピリオド（「.」）、読点の代わりにコンマ（「,」）が使われることも、最近は珍しくありません。日本語のレポートや卒論では、縦書きか横書きに関係なく、日本語の句点と読点をつけるのがよいと思いますが、とくに指示がなければ、どちらを使ってもよいでしょう。

また、よく「息つぎをする箇所」などにつける、と説明される読点は、人によってあちこちについていたり、長い文でもまったくついていなかったりします。ここでも、意味の切れ目、音声リズムの切れ目に、適当につける、としか説明のしようがありません。多すぎず、少なすぎず、ということです。ただ、文が長かったり、読点がやたら多かったりする場合は、意味がとりにくいことがあるので、二つまたは三つの文に分けた方がすっきりします。

中黒　中黒（「・」）は、新聞・雑誌、月・水・金、米・英・仏のように、単語を並列するとき、ジョージ・ワシントン、サンクト・ペテルブルグ、ウェストサイド・ストーリーのようにカタカナの人名や地名や作品名などを表記するとき、あるいは古賀正則・内藤雅雄・中村平治編『現代インドの展望』のように複数の著者名や編者名を並記するときに用います。「アイ・ラブ・ユー」のように、欧米語を日本語（カタカナ）で表記するときも、中黒で区切ります。中黒は中（なか）点、中ポツともいいます。

5. 手引き

誤字をなくそう［四字熟語、いいならわしなどの間違い］
異句同音（異口同音）、一部止終（一部始終）、一心腐乱（一心不乱）、意味慎重（意味深長）、親考行・親行孝（親孝行）、完婚葬祭（冠婚葬祭）、危機一発（危機一髪）、疑信暗気（疑心暗鬼）、貴帳面（几帳面）、興味深々（興味津々）

カッコ　カッコには、()「」『』〈〉〔〕《》などがありますが、日本語の小論文、レポート、卒論でよく使われるのは最初の三つです。

　カッコ（()）は、文中に簡単な説明や参照情報を入れるときに用います。堀本武功の「90年代における印米関係の基本構造」という論文から拾ってみると、次のような例があります。NPT（核拡散防止条約）、「核非拡散法」(1978年)、予防外交（preventive diplomacy）、ジャスワント・シン国家計画副委員長（1998年12月から外相）。カッコはまた、堀本武功『インド現代政治史』（刀水書房、1997年）のように、本の出版元と出版年を示すのにも用いられます。

　カギカッコ（「」）は、会話、引用した語句や文、論文名や記事名をくくるときに用います。2001年に登場したブッシュ政権は、アジアにおける米国の「競争相手」である中国のカウンターバランスとして……（前掲論文）のように、特定の言葉を強調する場合にも使います。

　二重カギカッコ（『』）は、本、雑誌、音楽や映画などのタイトルを示すときに使います。また引用文のなかに「」があれば、二重カギカッコでくくります。上記の文章は、正しくは、「2001年に登場したブッシュ政権は、アジアにおける米国の『競争相手』である中国のカウンターバランスとして……」となるわけです。

　ダッシュとリーダー　なお、上記の論文の正式なタイトルは「90年代における印米関係の基本構造──国際情勢認識と核問題」です。本題と副題をつないでいる「──」はダッシュ（長音記号）

(2) 符号の使い方

誤字をなくそう
　国敗れて山河あり（国破れて山河あり）、五里無中（五里霧中）、三当分（三等分）、三身一体（三位一体）、事実無効（事実無根）、縦横無人（縦横無尽）、取捨選択（取捨選択）、絶対絶命（絶体絶命）、大器晩生（大器晩成）、大義名文（大義名分）、高値の花（高嶺の花）

と呼び、文章のなかでも「すなわち」とか「つまり」の意味で使うことがあります。「……米国は、南アジア諸国およびインド洋に対するインドのヘゲモニー志向を思い止まらせるべきである……」という文の「……」（リーダー、点線）は、省略したことを示しています。「できれば行きたいのだが……」のように、余韻をあらわすときにも用います。

コロン　表題でダッシュの代わりにコロン（：）を使うことはありますが、疑問符、感嘆符、コンマ、セミコロン、引用符、ハイフンなどの使用は、日本語のレポートや論文ではできるだけ避けた方がよいでしょう。

以上の符号（ダッシュとリーダーを除く）は、原則的に、原稿用紙でもワープロ原稿でも1字分をとります。ただし次のような場合は、（」）と（、）を1マスに入れるようにします。

……である」、と述べた。

（3）テーマの発見、リサーチの方法

テーマ

テーマを選ぶ際にもっとも重要なのは、「興味（関心）」「価値」「オリジナリティ」そして「可能性」です。

「興味」というのは、自分がやりたいテーマか、ということです。しかし、単なる個人的興味で終わらないために、そのテーマについて調べる社会的意義や価値があるか、を考える必要もあります。す

誤字をなくそう
　短刀直入（単刀直入）、発砲スチロール（発泡）、半真半疑（半信半疑）、百文一見（百聞一見）、夫婦別性（夫婦別姓）、不足の事態（不測の事態）、文明開花（文明開化）、有柔不断（優柔不断）

でに誰かが調べて書いたこと、社会的に常識とされていること、すでに結論がでていることについて、あらためて書く価値はありません。自分なりの問題意識にもとづいて、できるだけ独創的（オリジナル）なテーマをみつけるようにしてください。

「可能性」というのは、このテーマについてリサーチは可能かどうか、ということです。たとえば、焦点ははっきりしているか、必要な資料は集められるか、抽象的・観念的すぎないか、時間的に書き上げられるか、といった点です。

しかし、テーマを決めるだけでは不十分です。このテーマについて、どのような問題意識をもっているか、何を探究したいか、という主旨をはっきりさせなければなりません。これは、先ほどの「興味」「関心」と関係してきます。

多くの学生が、この段階で悩み、迷います。自分なりに考えた結果、Aというテーマをやろうと決めたのに、あまり資料がない、逆に資料がありすぎてどこから手をつけてよいかわからない、面白そうだと思ったのに意外につまらない、どうしても焦点を絞れない、難しすぎて手に負えない……といった問題に直面するからです。そこで、Bというテーマに変えることにします。ところが、このテーマにも問題があることがわかり、今度はCの方がよさそうだと心が動きます。こうなると、時間ばかりがたって、心は焦り、落ち着いて調べることができません。

調べるというのは、すなわち勉強であり、発見ですから、最初のテーマに問題点をみつけたり、別のテーマに興味が移ったりするのは、ある意味では当然です。しかし、むやみにテーマを変えるのは

(3) テーマの発見、リサーチの方法

漢字に強くなろう
　常用漢字は1945字、文科省はこれを「漢字使用の目安」だといっています。ふつうの社会人ならこのぐらいの漢字は正確に読めて書けるのが当然、という考えです。襟、繭、爵、畝、謄、罷、陞、瓶、膨、隷、漏……みな常用漢字です。読めて、書けますか。

問題です。いつまでたっても本格的なリサーチに取り組めず、提出期限に間に合わせることができないかもしれないからです。

　こうした事態を避けるために、できるだけ早い時期に「事前調査」をしっかりやりましょう。二つ、三つ思いついたテーマについて、上記の「興味（関心）」「価値」「オリジナリティ」「可能性」「問題意識」という観点からよく考え、よく調べ、そして卒論指導教員の意見を聞きます。その結果テーマが決まったら、よほどのことがない限り、それを変えないことです。あとは、主題文で述べたことを、事実や論理で裏づけていきます。

リサーチ

　それをやるためのものが、リサーチ（調査、探究、研究）です。

　図書館　　とりあえず、大学の図書館や公立（都立、府立、県立、市立）図書館などへ出かけて、どのような図書があるか、どのようにすれば利用できるか、調べておきましょう。図書館は知識の宝庫だからです。図書館には、有能で親切な道案内人（司書）がいますから、気軽にアドバイスを求めましょう。

　図書館には、まずレファレンス・ブックス（百科事典、年鑑、辞書、文献目録、統計年鑑、地図など、信頼できる情報を簡単に参照できる資料）があります。てっとり早く調べるのに、とても便利です。とくに雑誌記事目録や論文目録などの文献目録は、論文作成のためのリサーチに不可欠です。専門書の最後に参考文献一覧が載っている場合、それも大いに役立ちます。

　蔵書は、カードで調べることもできますが、最近はどこの図書館

漢字に強くなろう
　日常生活で使われる漢字は常用漢字の枠を超えます。ほかに人名用漢字が983字。そのうえに国語審議会は2000年、「表外漢字字体表」の対象漢字として1022字を答申しています。常用、人名用合わせて3950字になります。大学生はこのぐらいは知っておくべきだということなのでしょう（本書126ページから）。

でもコンピューター検索システムを導入しているので、それを利用すると便利です。自宅から国会図書館をはじめ、国内のさまざまな公立図書館や公文書館、さらには外国の公立図書館の資料さえ検索できます。図書館相互貸し出し制度を利用すれば、ほかの図書館から取り寄せてもらうことも可能です。

　図書館にあるのは、レファレンス・ブックスや本だけではありません。さまざまな定期刊行物（雑誌や新聞）、CD-ROM、ビデオなどもおいています。CD-ROMは簡単に情報が検索できるので、短時間で調べるのに便利です。大学、学会、研究機関の雑誌（紀要）には、それぞれの分野における最先端の論文が載っていることが多いので、取り寄せておけば卒論作成に役立つでしょう。

　野外調査　　情報（材料）は、本や雑誌だけから得られるものではありません。人から話を聞いたり、「現場」を訪れたり、ものごとを観察することによっても得られます。いわゆる野外調査（現地調査やフィールドワークともいう）です。たとえば戦争体験者に戦時の生活について、味噌作りの専門家に味噌の作り方について、日系アメリカ人のお年寄りに第二次世界大戦中の強制収容について、小学校の先生に小学生の教育について聞くことによって、それぞれのことがらについて多くの情報や知見が得られます。ある店や村について調べる場合は、その店や村を訪ねて、観察したり、人びとから話を聞いたりする必要があるでしょう[※]。

　アンケート調査　　きちんとした形でアンケート調査をやれば、たとえば大学生の読書傾向、携帯電話の使い方、友人関係、ファッション意識などに関するまとまった情報が得られます[※]。

　※野外調査の方法については、たとえば高橋順一他編著『人間科学研究法ハンドブック』（ナカニシヤ出版）が参考になります。
　※調査法については、鈴木裕久『マス・コミュニケーションの調査研究法』（創風社）、飽戸弘『社会調査ハンドブック』（日本経済新聞社）、岩永雅也・大塚雄作・高橋一男『社会調査の基礎』（日本放送出版協会）、上記の『人間科学研究法ハンドブック』などを参考にしてください。

インターネット　インターネットからも多くの情報が得られます。インターネット情報の利用については多少注意すべきことがあるので、「手引き(5)」であらためて説明します。

一次資料

とくに、オリジナリティが求められる修士論文や博士論文では、一次資料にもとづく研究が要求されます。卒業論文では、必ずしも一次資料を使わなければならないということはありませんが、可能なら使ったほうがよいでしょう。

一次資料（primary sources）とは、たとえば日記、手紙、未発表の原稿、公文書、公的統計などを指します。書き手によるインタビューや現地調査の結果も、一次資料といえるでしょう。考古学で発掘された石器、土器、骨なども一次資料です。一次資料を利用して書いた本や論文、すなわち市販の本やすでに発表された論文は、二次資料（secondary sources）です。

ただし、一次資料と二次資料は簡単に区別できない場合もあります。たとえば地震情報は気象庁の公式発表がもっとも重要な一次資料であり、マスコミ報道は二次資料となりますが、新聞や雑誌がそれをどう報道したか、つまり「報道」に焦点をあてれば、新聞や雑誌の記事も一次資料となります。本や論文は通常は二次資料ですが、何らかのことがらに関する歴史家やジャーナリストの歴史観を探る場合は、一次資料として利用できるでしょう。

ノートブック・資料ケース

　リサーチ・ペーパーや論文を書く際、専用のノートブックと資料ケースを用意しておくと便利です。

　ノートブックは、自分が選んだテーマについて、思いついたこと、聞いたこと、調べたこと、参考になりそうな資料の出典名や内容や所在など、何でもメモするためのものです。ポケット型ではなく、6号（セミB5）くらいの大きさで、罫線の入ったものがよいでしょう。バインダー式やルーズリーフ型だと、あとで項目別に並べ替えることができますが、普通のノートでも項目ごとに分けて、付箋などをつけておくと便利に使えます。

　ノートブックは、できるだけ余裕をもって使うのがコツです。たとえば、ページに余白をつくっておいたり、裏を空白にしたりしておくと、あとでみつけた関連情報や思いついたことをメモするのに使えます。最初の2ページほどを空白にしておくと、あとで項目一覧表を書くのに利用できます。

　資料用ファイルケースは、10〜15ぐらいのポケットのついたドキュメント・ファイルがあればよいでしょう。それぞれのポケットに、項目ごと、あるいは章ごとのメモや資料を入れておけば、書くときに大いに役立ちます。項目や章は上記のノートブックと一致させたらよいでしょう。

　ファイル・システムはコンピューターにもあります。フォルダーとファイルの機能をうまく利用すれば、さまざまな情報を項目や章ごとにコンピューターに整理・保存しておくこともできます。

　カードを使う人もいます。一枚一枚のカードに、文献名や、文献

から得たさまざまな情報あるいはヒントを書き、やはり項目ごと、あるいは章ごとに並べておくのです。しかし、カードの整理は煩雑だし、多くなると保管にも困ることがあるので、学生が卒論を書く場合はノートブックと小型のファイルケースで十分でしょう。

リサーチのエチケット

　学業のためとはいえ、リサーチが他人に失礼あるいは迷惑になったり、他人の権利をおかしたりすることがあってはなりません。

　他人の著作権を尊重し、引用の際は出典を明らかにするのは当然ですが（「手引き（4）」）、以下の礼儀も守るべきです。

1. 誰かから話を聞く場合、事前に相手の都合を聞き、それに合わせて時間や場所を決める。
2. またその場合、事前に質問を考えておく。テープなどに録音するときは、事前に相手の了解を得る。
3. 取材相手の立場やプライバシーを尊重し、氏名、地名、情報内容などの公表については、事前に了解を得る。
4. 私的な内容の手紙、故人の手紙や日記などの公表については、本人や遺族の了解を得る。
5. 聖域や秘儀などの取材に際しては、相手の気持ちや立場を尊重し、礼を失しないようにする。
6. 図書館などの本に書き込んだり、本のページをちぎったり、資料を持ち去ったり、勝手に配列を変えたりする行為は、絶対に慎む。

漢字に強くなろう
　以下、論文、レポート、小論文に登場する機会の多そうな言葉を選んで、書き出してみました。用例を学んでほしいのです。
・あう（話し合う、道理に合う、客に会う、立ち会う、出会う、災難に遭う、ひどい目に遭う）

(4) 著作権のルール、引用資料の扱い方

　レポートや卒業論文の基本はリサーチにあります。とくに論文では、リサーチの過程で学んだり発見したりしたことを利用して、自分の考え方を展開し、あるいは補強することが少なくありません。それは、誰かの学説や理論であったり、解説であったり、見解や感想であったり、面白い表現であったりします。あるいは、誰かが発掘した事実であったり、調査した結果であったり、手紙や日記に残した記録であったりします。

　これらは「知的財産」です。ここでは、こうした知的財産に関する著作権、そして知的財産を利用する場合の引用の方法とルールについて説明します。

著作権

　まず著作権について簡単に説明しておきます。思想や感情を「創作的に表現した」作品（文芸、学術、美術、音楽、映画、写真、マンガ、図面や図表、コンピューター・プログラムなど）を「著作物」と呼び、それが高名な研究者や芸術家の作品であろうと、児童の絵や作文や手紙であろうと、「著作権」が生じる、と考えられます。特許権や商標権の場合は、担当官庁に登録してはじめて権利が発生しますが、著作権は登録しなくても、あるいは©のようなコピーライト記号をつけなくても、著作者が作品を創作した時点から死後50年が経過するまで、保護されます。百科事典、辞書、新聞、雑

漢字に強くなろう
　・あげる（気炎を上げる、成果が上がる、上げ下ろし、雨が上がる、証拠を挙げる、名を挙げる、全力を挙げる、てんぷらを揚げる、引き揚げる、揚げ足取り、水揚げ）

誌などの「編集著作物」やデータベース、インターネット・ウェブサイトの情報にも、著作権はあります。

ただし、憲法、法令、条例、国や地方公共団体などの告示や通達、裁判所の判決、憲法や法令や判決などに関する国や地方公共団体などの出版物、著作権の期限が切れた著作物、アイデア、事実、名前、短い語句などには著作権は認められていません。しかし、必要に応じて出所を示すようにした方が良心的といえるでしょう(著作権の保護期間が切れて公共物となった本や絵画、著作権で保護されない民間伝承など)。

著作権とは、著作物の利用に関する権利は著作者本人にある、というものです。ですから、誰かの論文、講演、絵画、図表、写真などを(あたかも自分の作品であるかのように)勝手に大量に複製(コピー)したり、集会で朗読したり、放送したり、販売したり、展示したり、翻訳したり、出版したりすることは、できないのです(著作権侵害)。

著作者には、さらに、「公表権」「氏名表示権」「同一性保持権」という「人格権」もあります。公表権とは、たとえば個人的な手紙や日記を公表するかどうか、するとすればいつ、どのような形で公表するか、を決める権利です。氏名表示権とは、自分の著作物を公表するときに、氏名を表示するか、するとすれば実名か変名かを決める権利です。また、同一性保持権によって、著作者は著作物の題名や内容を勝手に改変されないという権利も保護されています。これらの権利を、他人が侵すことは許されません(著作者人格権侵害)。

保護されているのは、日本の著作物だけではありません。外国の

5. 手引き

漢字に強くなろう
・あたたかい(人情の温かさ、温かいもてなし、心温まる、手足を温める、暖かい気候、室内の暖かさ、空気が暖まる)
・あつい(暑い夏、部屋の中が暑い、熱い血潮、人情が厚い)

著作物も、日本も加盟しているベルヌ条約や万国著作権条約などによって、保護されています。

　著作物を利用する場合、原則として、著作権者の許諾を得る必要があります。ただし、一定の条件内であれば、著作権者の許諾なしに、自由に利用することができます（著作権の制限）。

　たとえば著作物を自分自身や家族などが利用するために複製する、図書館などで複製する、教員が授業目的で複製する、学生が授業での発表などのために複製する、点字によって複製する、マスコミに掲載された時事問題に関する論説を転載したり放送したりすることは、原則的に許されています。

　他人の著作物の一部を自分の著作物のなかに使う、すなわち引用することも、認められています。ただし、「引用の目的上、正当な範囲内」での引用でなければなりません。

　また著作権が制限される場合でも、著作者の人格権は尊重しなければなりません。たとえば、本人や（本人が死亡している場合は）家族の了解なしに手紙や日記を公表したり、著作物の一部を勝手に変更して引用したりすることによって、著作者の名誉や品位を損ねる行為は禁物です。

引用

　上記のように、「正当な範囲内」の引用であれば、著作権者の承諾を得なくても著作物を自由に利用できます。「正当な範囲内」とは、内容的にも分量的にもあくまであなたの文章が主であって、引用は「必要最小限度」にとどめる、ということです。他人の著作物

(4) 著作権のルール、引用資料の扱い方

漢字に強くなろう
- あてる（日光に当てる、胸に手を当てる、教材費用に充てる）
- あらわれる（結果に表れる、太陽が現れる、書物を著す）
- いたむ（故人を悼む、足が痛む、痛んだ果物）

をほとんどコピーした論文、あるいはいわば換骨奪胎して作成した論文は、著作権を侵害した剽窃（盗作）とみなされます。

　他人の著作物を引用する場合は、それが引用であることを示さなければなりません。著作権法上のルールだからというだけではありません。学ぶ者、研究する者としての良心の問題でもあるからです。その意味では、著作権の有無とは関係なく、「取材」で得た情報はできるだけ出所を示すべきでしょう。

　引用には「直接引用」と「間接引用」の二つがあります。直接引用では、引用した部分を「　」（カギカッコ）でくくって、あなたの文章と区分します。引用する部分が1段落ほどもある場合（118ページ参照）は、改行して、引用であることを示すために他の段落から3字ほど下げて挿入することもあります（この場合、「」は使わない）。くどいようですが、直接引用の場合は、原則として、もとの言葉を改変してはいけません（旧字体や旧仮名遣いを変えたりした場合は、変えたことを書き添える）。

　間接引用とは、たとえば他人の学説や考え方をあなた自身の言葉で要約（パラフレーズ）して紹介することです。その場合は、「　」は不要です。

　直接・間接を問わず、他人の言葉や考え方を引用する場合は、一定のルールにしたがって必ず出所（出典）を明らかにします。文章だけでなく、図表などを引用するときも同じです。

出典の表示

　出典の表示方法は、研究分野によって異なります。それをすべて

漢字に強くなろう
- いる（恐れ入る、気に入る、金が要る）
- うつ（打ち明ける、打ち消す、あだ討ち、返り討ち、撃ち落とす、迎え撃つ）

紹介することはできませんので、いくつかの基本的な例だけを示しておきます。どの表示法にするかは、担当教員の指示にしたがってください。

簡便な方法

まず、文中、あるいは引用した部分の最後に出典を示すだけという、簡単な方法を紹介しましょう。正式なやり方ではありませんが、授業で要求される2,000字程度以内のレポートなら、この方法で十分と考えられる場合があります。桜井哲夫の『ことばを失った若者たち』（講談社、1985）から例を挙げましょう。［例文5-1a］では文中で著者とその著書が紹介されています。［1b］ではカッコ内に記事、掲載誌、発行日が、［1c］では執筆者、記事、掲載誌、発行日が記されています。

> 　むろん、山崎正和（『おんりい・いえすたでい'60s』）が指摘するように、「無責任」がモーレツと表裏一体をなしていたということも事実ではあるだろう。
> 　　　　　　　　　　　　　　　　　　　　　［例文5-1a］
>
> 　1965年ごろに、大学生がマンガを読んでいる、ということはジャーナリズムでひとしきり話題をよんだものである（たとえば、「大学生はマンガ好き」『朝日ジャーナル』1965年11月28日号）。　　　［例文5-1b］

> 「……制服の拘束から離れた代わり、私たちは、制服のない自由に耐えなければならない。何でも着てよい時代とは、何と不自由な時代なのだろう」（上野千鶴子「第3芸術」『思想の科学』1982年10月号）［例文5-1c］

桜井は、「旅」と「家出」に関する項目で、新聞に掲載された、ある受験浪人の言葉を紹介していますが、これは多少長いため、本文より2字分下げて（引っ込めて）あります。そして最後に、出典が書かれています。

> 今オレの一番やりたいこと
> 笑わないで欲しい、オレは電車に乗りたい。
> もう何か月も、この部屋の、この机の前にすわっている。
> オレは浪人
> オレは勉強をしたくないわけではないし
> 今のオレを「灰色の青春」などとも考えてない。
> （中略）
> オレは電車に乗りたい。
> 一日中、人ごみの中で動き回りたい。
> 多くの人と話がしたい。
> （「一番やりたいこと」小市昭、20歳、『朝日新聞』1965年2月3日「声」欄）
>
> ［例文5-1d］

5. 手引き

漢字に強くなろう
・うつす（答案を写す、鏡に顔を映す、住まいを移す）
・おかす（過ちを犯す、法を犯す、学問の自由が侵される、プライバシーを侵す、危険を冒す、風雨を冒す）

本格的なレポートや論文では、それぞれの大学や学問分野で推奨されている引用方法にしたがいます。

政治学や歴史学などの場合

引用部分の最後に通し番号（1、(1)、¹など）を記し、論文の最後の「注」のところにそれに対応する番号を書きます。脚注（あるいは文末注）はワープロにそういう機能があるので、それを利用したらよいでしょう。出典は以下のように示します。

著書　著者名『書名』（発行所、発行年）、引用した箇所の掲載ページ。

　著者名のあとに「著」と書く必要はありません。著者が複数の場合は、著者名を「A・B・C」と並べ、三人以上の場合は、「A他」と書きます。

　次のように、発行所や発行年をカッコに入れない方法もあります。

　森岡清美『現代家族変動論』ミネルヴァ書房、1993年、95ページ。

編書　編集代表の名前の後に「編」と書きます。それ以外は、上記と同じです。

訳書　著者名（A訳）『書名』（発行元、発行年）、ページ。

雑誌論文　執筆者名「論文名」『雑誌名』巻（号）（発行年月）、ページ。

　同じ著書や論文を二度、三度引用する場合は、

漢字に強くなろう
　・おさえる（要点を押さえる、怒りを抑える、インフレを抑える）
　・おさまる（争いが収まる、予算枠に収める、棺に納まる、税金を納める、痛みが治まる、暴動を治める）

同上、xxページ

あるいは

著者名（筆者名）『著書名』（「論文名」）、前掲、xxページ、のようにします。

新聞記事　「記事名」『新聞名』（発行年月日）。

インターネット（Webページ）　作者（著者）名「タイトル」（<URL>）、閲覧した年月日。たとえば、国民生活センター「若者に多いマルチの被害」（<http://www.kokusen.go.jp/jirei/index.html>）、2003年6月1日参照。

電子メール　送信者〈メールアドレス〉「件名」日付

CD-ROM、ディスク、磁気テープによる出版物　著者名「記事の題名」『出版物の題名』（出版社、出版年月）

欧米語著書（例）　John Maynard Keynes, *The General Theory of Employment, Interest and Money* (London: Macmillan, 1954), pp. 45-46.

欧米語雑誌論文（例）　Stephen Jay Gould, "Grapping with the Ghost of Gould by David P. Barash: A Review of The Structure of Evolutionary Theory," *Human Nature Review*, Vol. 2 (July, 2002), 283-292

欧米語インターネット　Stephen Jay Gould, "Grapping with the Ghost of Gould by David P. Barash: A Review of The Structure of Evolutionary Theory," (<http://human-nature.com/nibbs/02/gould.html>). Accessed: May 10, 2003.

ホームページは、内容が削除されたり変更されたりするので、閲

漢字に強くなろう
・おす（ベルを押す、後押しする、議長に推す）
※押し進める、推し進める（押すは「引く」の対語。推すは推薦、推進、推量の場合に使う。

覧（参照）した年月日を入れるようにします。

インターネット情報の引用については、たとえば"A Brief Citation Guide for Internet Resources in History and the Humanities" (Version 2.1) by Melvin E. Pageを参照してください。引用方法については、インターネットにも掲載されています。

注記

①事実や見解を権威ある文献に依拠する場合、②自分の主張を権威者の見解に依拠する場合、③本文中の記載事項を補足する場合、論文の最後に「注記」することがあります。そのうち、もっとも一般的に利用されるのが、①の場合です。

注記とは別に、論文の最後には論文で参照した文献の一覧表（文献リスト）をつくっておいたほうがよいでしょう。これは、たとえば著書、定期刊行物、インターネット・ウェブサイト、インタビューなどに分け、それぞれアルファベット順に並べます。ここでは参照したページの番号は必要ありません。

文化人類学、民族学、心理学などの場合

次のように本文中に文献名を「注記」します。文献の詳しい紹介は、論文の最後に掲げる文献目録に書きます。

「……」と論じた［著者の姓、刊行年：ページ］（たとえば［ギアツ　1993:18-24］

同じ人が同じ年に出版した文献を引用する場合は、［ギアツ 1971a］［ギアツ　1971b］のようにします。

漢字に強くなろう
・おりる（木から下りる、許可が下りる、シャッターを下ろす、貯金を下ろす、駅で降りる、社長を降りる、霜が降りる、国旗を降ろす、小売店に卸す）

文化人類学などの分野の論文では、参照した文献を文献目録として順序よく（たとえば姓をアルファベット順に）論文の最後に載せます。読む人は、文章中の注記に書かれた出典を、ここで確認するわけです。政治学などの引用注記や文献リストにおける文献の挙げ方と異なることに留意してください。

著書　著者、出版年、『書名』、出版社。

雑誌論文　執筆者、出版年、「論文名」、『雑誌名』　巻（号）：ページ。

訳書　執筆者、出版年、『書名』、翻訳者、出版社。

新聞記事　『新聞名』年月日（記事名）

欧米語著書　Michael Howard. 1984. *The Causes of War*. Cambridge, Mass.: Harvard University Press.

欧米語論文　Betty Rearson. 1997. Human Rights as Education for Peace. In *Human Rights Education for the Twenty-First Century*. George J. Andrepoulos and Richard Pierre Claude (eds.), pp.30-65. Philadelphia: University of Pennsylvania Press.

欧米語インターネット　Betty Reardon. 1997. Human Rights as Education for Peace, <http://www.pdhre.org/book/reardon.html>. Accessed May 20, 2003.

　以上のような出版物のほか、報告書、議事録や会議録、判例、手紙（たとえば米国大統領から日本の首相への書簡）、インタビュー

漢字に強くなろう
- かえす（家に帰る、親元に帰す、帰り道、原点に返る、われに返る、借金を返す、領土が還る）
- かたい（固い決意、頭が固い、堅苦しい、志が堅い、表情が硬い）

（聞き書き）テープ、日記なども書式にしたがって出典を示します。

引用・注記の例

　ここで、米国メリーランド大学政治学部博士課程の前嶋和弘の論文「ヘイトクライム［憎悪犯罪］規制法とその問題点」(『アメリカ・カナダ研究』No. 18, 2000, pp.77-96) を一部借用して、引用・注記の例をみてみましょう。博士課程の学生による研究論文ですが、リサーチ・ペーパーや卒業論文の参考になるので、あえて紹介させてもらうことにしました。

　論文は、まず「1990年ヘイトクライム（憎悪犯罪）統計法」と「1994年ヘイトクライム判決強化法」という二つの連邦法が公安活動などにどのような影響を与えたかについて考察することが目的だと書いています。そして、次のようにまず「ヘイトクライム」を定義し、二つの法律について簡単に説明しています。

　ヘイトクライムは、人種、宗教、民族性など、特定のカテゴリーに属する人々に対する憎悪または偏見に基づく犯罪である。[1] ヘイトクライムの発生状況や発生場所を把握し、再発防止のために連邦政府がデータ収集を行うことを定めた法律が「統計法」で、「判決強化法」はヘイトクライムを行った加害者に対して、通常の犯罪の刑罰より厳しい反則を適用する法律である。

［例文5-2a］

論文は、これら2法の問題点に触れたあと、

> 実際、現行法では「定義の混乱の上に、実際の捜査でFBIはほとんど手を出せない」（FBI特別捜査官ジョン・スルベスター氏）のが現状である。[2]
>
> [例文5-2b]

と、一人の現場捜査官の見解を紹介しています。そのあと、論文は次のようにつづきます。

> ヘイトクライムはしばしば「現代のリンチ（modern-day lynching）」と形容される。[3] 確かに、報じられるヘイトクライムの多くは、非常に冷酷、残忍である。例えば、1998年10月、ワイオミング州ララミー市で、同性愛者のワイオミング大学生マシュー・シェパード（Mathew Shepard）氏が惨殺された事件は、全米に詳細が報じられ、同性愛者団体に大きな衝撃を与えた。同じ世代の男2人によって、同氏はフェンスにくくりつけられ、頭がい骨が後頭部から右耳にかけて陥没するまで殴殺された後、木に縛られた状態だったという。[4]
>
> [例文5-2c]

数字の¹〜⁴は、論文の最後に、次のように注記されています。

> 1　ジェイコブスとパッターによると、ヘイトクライム統計法案が初めて連邦議会に提出された1985年、同法案を作成したジョン・コンヤーズ（John Conyers）、バーバラ・ケネリー（Barbara Kennelly）、マリオ・ビアギ（Mario Biaggi）の3人の連邦下院議員によって、「ヘイトクライム」という言葉が作られたという。James B. Jacobs and Kimberly Potter, *Hate Crimes: Criminal Law and Identity Politics* (New York: Oxford University Press, 1998), 4.
> 2　John Sylvesterへのインタビュー（2000年4月13日）
> 3　例えば、Edward Kennedy, "Congress Must Continue Century-Long Challenge," *Roll Call*, Feb. 7, 2000.
> 4　James Brooke, " Gay Man Beaten and Left for Dead," *The New York Times*, Oct. 10, 1998.
>
> ［例文5-2d］

なお、文中の注記番号は「犯罪である。¹ヘイトクライムの……」のようになっていて、本来は「犯罪である」の最後につくはずの「¹」が、「ヘイトクライム」の部分にくっついている形になっています。これは印刷上の理由によるものですが、誤解を避けるために、「犯罪である¹。ヘイトクライムは……」とした方がよいでしょう。

ブロック引用

なお、数行にわたって引用する場合は、上記のように、あるいは下記のように、3文字分ほど下げて、「ブロック引用」にしたほうがよいでしょう。

> ブッシュ米大統領のいわゆる「ブッシュ・ドクトリン」は、つぎの内容であった。
>
> 　人間の尊厳への侵害について声を大にして語り、自由を前進させる国際制度をつくる。自由促進のために国際援助を使い、自由を求めて非暴力で闘う人たちを支援する。民主化に向け努力する国家は報われる。宗教と良心の自由の促進に努め、抑圧的国家から自由を守る。
> 　最優先課題は世界的な活動範囲を持つテロ組織の指導者や部隊、財政などすべてを破壊することだ。同盟国の力を結集し、大量破壊兵器の入手・使用を試みるテロ組織やテロ支援国家を打倒する。
> 　米国と米国人を守るため、テロの脅威を事前に取り除く。国際社会の支援を取り付ける努力は続けるが、必要な場合は先制行動による自衛権行使の単独行動も辞さない。強制力を行使し、国家によるテロ組織への支援も保護も否定する。イスラム社会においては、いかなる国家もテロの温床とならないよう穏健で近代的な政府を支援する。[9]

(9) ブッシュ大統領が 2002 年 9 月 20 日に発表した"The National Security Strategy of the United States"(「米国の国家安全保障戦略」)。(共同通信社の同日配信記事より)。　　　　　　　　　　　　　　　　　　　　　　[例文 5-3]

(5) インターネット利用の基礎知識

　コンピューターのインターネット機能を使えば、簡単に図書検索ができるほか、世界中の膨大な数のホームページ(ウェブサイト)に接続(アクセス)して、さまざまな情報を見たり調べたりすることが可能です。

　ただし、誰でもホームページを開くことができるため、提供される情報は必ずしも信頼できるとは限りません。インターネットを利用すると容易に情報が得られるため、つい安易に頼りがちになりますが、いろいろ注意が必要です。

　米ニューヨーク州オーバニー大学の図書館のウェブサイト "University at Albany University Libraries" を開くと、「インターネットによるリサーチ」というサイト (<http://library.albany.edu/internet/research.html>) があります。ここに、次の文章が載っています。

漢字に強くなろう
　・かわる(色が変わる、方針を変える、変わり者、言い換える、配置が換わる、ドルを円に換える、衣替え、入れ替わる、建て替え、日替わり、社長が代わる、父に代わって)

インターネットは、そこにあるすべての入手可能な項目が明示され、単一のカタログで取り出すことのできる図書館ではありません。実際のところ、インターネットにどれだけのファイルが存在するのか、誰も知りません。その数は何百万に及ぶでしょうし、しかもすさまじい勢いで増えています。

インターネットは、個人発信メディアです。すなわち、少しばかりの技術力とホスト・コンピューターへのアクセスさえあれば、誰でもインターネットで発信できるのです。リサーチの過程でサイトをみつけたとき、このことを覚えておきましょう。インターネットのサイトは、時間がたつと、それを作った人の覚悟や気持ち次第で変わります。専門家の知識を示すサイトもあれば、シロウトらしい内容のところもあります。毎日更新しているところもあれば、情報の賞味期限が切れたままというところもあります……。

インターネット・サイトは住所が度々変わるということも知っておきましょう。ウェブサイトがすっかり消えてしまうこともあります。

インターネットの性格、そしてインターネットをリサーチに利用する際の注意が、ほぼ言い尽くされています。たとえば、情報の信頼性という問題があります。とりわけ作者（発信者）が不明確なサイトは、敬遠すべきでしょう。またウェブサイトの情報は突然変更されたり消されたりします。同じ情報が印刷物で入手できる場合は、そちらを選ぶべきです。たとえば憲法、法律、条約、講演記録、

漢字に強くなろう
・きく（顔が利く、融通が利く、利き腕、薬が効く、宣伝が効く）
・きわめる（学問を究める、見極める、栄華を極める）
・こえる（国境を越える、権限を越える、限界を超える、予想を超える）

5. 手引き

雑誌・新聞記事などはウェブサイトに載っていますが、出典はできるだけ印刷物にしたほうが確実です。

検索エンジンの利用法

とはいえ、せっかくのインターネットですから、リサーチに利用しない手はありません。検索（サーチ）エンジンやブラウザーを使えば、役に立つホームページを探すことができます。ホームページはほかのホームページとリンクされていることが多いので、興味と時間さえあれば、関連サイトにアクセスしていくらでも情報を見つけることができます。

日本語の一般的な検索エンジンは、「検索デスク」（<http://www.searchdesk.com/>）に掲載されています。たとえば、goo（<http://www.goo.ne.jp/>）、Yahoo! Japan（<http://www.yahoo.co.jp/>）、Google（<http://google.co.jp/>）、MSNサーチ（<http://search.msn.co.jp/>）、Infoseek（<http://www.infoseek.co.jp/>）、FreshEye（<http://www.fresheye.com/>）などです。複数の検索エンジンの結果を統合したメチャ検索エンジン（<http://bach.scitec.kobe-u.ac.jp/metcha/>）もあります。それぞれに特色がありますから、自分の用途に合ったものを探してください。

これらの検索エンジンをよく見ると、たとえばYahoo! Japanの初期ページには「生活と文化」「教育」「社会科学」「メディアとニュース」「ビジネスと経済」「各種資料と情報源」「政治」のようにレポートの資料作成に役立ちそうな項目が並んでいます。同じように、Googleの「カテゴリー」には、「ニュース」「各種資料」「地域」

漢字に強くなろう
- さがす（職を探す、あら探し、家出人を捜す、紛失物を捜す）
- しずめる（嵐が静まる、気を静める、反乱を鎮める）
- しまる（帯を締める、心を引き締める、絞め殺す、戸が閉まる）

「社会」、MSNの「サーチ」には「ビジネスと経済」「政治と社会」「教育と学習」といった項目があります。それぞれの項目をクリックすると、多種多様の情報サイトが検索できるようになっています。

学術サイトにアクセス

　次に、今度は、あなたの大学の図書館にアクセスして、「リンク一覧」を見てみましょう。たとえば桜美林大学図書館の「Link集」（<http://www.obirin.ac.jp/unv/tosho/link.htm>）（2003年12月現在）には、①図書館・研究機関、②統計情報、③インターネット上の情報源、④政府情報、⑤国連など、⑥書評など、⑦雑誌文献その他、⑧メタサーチといった項目があります。明治大学図書館の「学術情報リンク集」（<http://www.lib.meiji.ac.jp/servers/index.html>）（2003年12月現在）には、①図書館蔵書目録（明治大学図書館その他の目録、日本の図書館、外国の図書館）、②和図書情報（出版情報、オンライン書店、オンライン古書店）、③洋図書情報（出版情報、オンライン書店）、④政府刊行物、⑤図書館・研究機関、⑥電子図書館プロジェクト、⑦学会、⑧政府・地方自治体、⑨分野別情報源、⑩検索エンジン……などが掲載されています。そして、たとえば「分野別情報源」をクリックすると、「日本の憲法と海外の憲法」「総務庁統計局統計センター」「OECD統計リスト」などにアクセスできるようになっています。ここに記載されている何百という権威のある（信頼性の高い）サイトを利用すれば、大学図書館や自宅のコンピューターから論文作成に役立つ情報がいくらでも入

漢字に強くなろう
　・すすめる（会議を進める、時計を進める、読書を勧める、入会を勧める、良書を薦める）
　・せめる（攻め立てる＝攻撃、責め立てる＝拷問やせっかん）

手できます。

検索のコツ

このように、上記の検索エンジンから莫大な数のウェブサイトにアクセスでき、またその何百倍もの情報を検索できます。したがって、第一にあなたが何を探しているのかをはっきりさせる必要があります。通常は、キーワードを単独または組み合わせて入力することによって検索するので、調べようとすることがらと関連したキーワードを考えておきましょう。

第二に、検索した情報が信頼できるものかどうかを確認する必要があります。これは、情報内容によって確認するのはきわめて難しいので、情報を提供しているサイトが信頼できるかどうかで判断します。たとえば、国連機関や政府機関の報告書や統計、図書館の書誌情報などは、まず信頼できると考えてよいでしょう。政党、NGO、マスコミ、研究機関、企業、先住民組織、労働組合といった団体や、政治家など、発信者の立場を調べたいと思うときもあります。そういう場合は、出所を明確にして利用したらよいでしょう。

第三に、インターネットで容易に情報が得られるようになった結果、情報を単に「切り貼り」しただけの盗作レポートが増えています。インターネットで得た情報も、出典を明らかにするようにしましょう（手引き（4））。

試みに、国立情報学研究所情報サービス（<http://www.nii.ac.jp/service-j.html>）を開いてみましょう。そこには、「文献情報」として CiNii（Nii 引用文献情報ナビゲータ）、研究紀要ポータル、

漢字に強くなろう
　・たたかう（言論の戦い、2議席を争う戦い＝選挙、自然との闘い、病魔との闘い）
　※「戦」が一般的な使い方。「闘」は規模の小さなたたかい。

NACSIS-IR（情報検索サービス）、NACSIS-ELS、Oxford Journals Online Journals、「図書情報」としてWebcat（総合目録データベースWWW検索サービス）、Webcat Plus（Nii図書情報ナビゲータ）など、学術情報の検索にきわめて重要なサイトが紹介されています。そのうち、たとえばNACSIS Webcat（<http://webcat.nii.ac.jp/>）を利用すると、あなたの探している図書を全国のどの大学図書館が所蔵しているか、検索できます。また「雑誌記事索引データベース」（<http://www.nii.ac.jp/ir/ir-j.html>）では、1948年から74年までの日本の学術雑誌に掲載された人文科学論文が検索できます。

　なお、東京大学附属図書館情報基盤センターでは、「インターネット上の学術情報源を蓄積し、検索できるようにしたデータベース」を運営しています。「インターネット学術情報インデックス（Index to Resources on Internet:IRI）」（http://resource.lib.u-tokyo.ac.jp/iri/url_search.cgi?S_flg=>というこのデータベースは、総記、哲学、歴史、社会科学、自然科学などに分類され、2003年4月中旬現在で3800件近くのデータが蓄積されているそうです。

　そのモデルになったのが、"Infomine"という米国カリフォルニア大学リバーサイド・キャンパス図書館の「バーチャル・ライブラリー」（<http://infomine.ucr.edu/>）です。インターネットで入手できる11万5千もの「データベース、電子ジャーナル、電子本、案内、メーリング・リスト、オンライン図書館カード・カタログ、記事、研究者名簿、その他のさまざまな種類の情報」から成り立っているという"Infomine"は、"Business & Economics," "Cultural Diversity & Ethnic Resources," "Electronic Journals," "Government

5. 手引き

漢字に強くなろう
・たつ（消息を絶つ、交際を絶つ、夢を絶たれる、国交を断つ、食事を断つ、補給路を断つ、服地を裁つ）
・たんきゅう（幸福の探求、平和の探求、真理の探究、美の探究）

Information," "Social Sciences & Humanities" などに分類され、キーワードや著者名などを打ち込めば、コンピューターが情報を検索してくれます。ちなみに、"Japanese" と打ち込んでみたところ、"Conscience and the Constitution," "Japanese American Relocation Digital Archives," "Japanese American Exhibit and Access Project," "Japanese American Network" など25のサイトがそれぞれのURL（情報の存在場所を示すコード）とともに掲載されていました。それぞれのサイトは、さらにほとんど多くのサイトにリンクされており、リサーチする者にとってきわめて便利です。

(6) 用字・用例・用語集

まず誤字の追放から

この項は用語を中心に扱うコーナーのつもりだったのですが、その前に、どうしても注意を呼びかけておかなければならない、頭の痛い問題があります。誤字です。誤字を一掃しなければなりません。どんなに格好よく政治の腐敗を嘆く論文を書いても、学力の水準低下を叱る格調高い小論文をまとめあげても、かんじんの文章が誤字だらけとあっては、書いた当人が笑いものになるだけではありませんか。

覚えておいてほしいのは、大人の世界では、文字を正しく表現しているかどうか、漢字が誤りなく書けているかどうかということが、書き手の人格を推し測るバロメーターに使われてさえいること

漢字に強くなろう
・ついきゅう（責任を追及、利潤の追求、真理を追究）
・つく（条件を付ける、気を付ける、顔に墨が付く、外野の守備に就く、病の床に就く、住み着く、知識を身に着ける）

です。誤字を指摘された学生のなかに「だいたい合っているじゃないですか」「半分はあたっていると思うけど」などと口をとがらす者もいて驚いてしまうのですが、文字を書き記した場合、その判定は正確に書かれているか、間違いかのどちらかしかないのです。半分正解などと自分を許してしまうようでは人格までが疑われてしまうのです。言葉に対しては、もっと真剣な接し方が望まれます。誤字に甘い態度をとってはいけません。1か所あっても失格なのです。

著者の所属する研究グループが2002年に実施した調査で、いまの大学生の漢字力は相当に落ち込んでいることが確かめられました。たとえば期待を希待、賛成を賛正、劇的を激的、強調を強張、精神的を精心的、三等分を三当分、不可欠を不可決、世間を世見などと平気で書きます。新めて（改めて）、特意（得意）、事状（事情）、眼い（眠い）という間違え方はとりわけひどいもので、みな、小学校で習っているはずの漢字なのです。

大人たちは、読書の習慣を身につけている学生はこういう誤りはしない、と考えます。誤字を書いた人間はふだん本も読まないようなヤツ、と勝手に判定されてしまうのです。くやしいと思いなさい。発奮しなさい。そして、誤字を書くまい、と心に決めることです。

誤字をなくすための特効薬、即効薬はありません。新聞や本をよく読み、わからない言葉、書けそうにない文字が出てきたらそのつど力惜しみせずに辞書をひくこと以外に方法はないのです。辞書をいつも持って歩く。そのクセをつけることが一番です。

国（文部科学省）は常用漢字として1945字を定め、これを「漢

5. 手引き

漢字に強くなろう
・つくる（歌を作る、記録を作る、作り事、手作り、船を造る、造り酒屋、寄せ木造り）
※文を創るの「創」は「かな書き」にしたほうがよい。

字使用の目安」だといっています。ふつうの社会人ならこのぐらいの漢字は正確に読めて書けるのが当然、という考えです。日常の生活のなかで使われる漢字はこの枠を超えます。国語審議会は2000年に「表外漢字字体表」の対象漢字として1022字を答申しています。これに人名用漢字を加えると、合わせて3950字になりますが、大学生ならこれらをすべて知っておかなければいけないと承知しておくべきなのでしょう。

言葉を選ぶ

　誤字は論外として、論文、レポート、小論文に使う言葉にはほかにも種々の制約がともないます。「私はどうしても好きになれない」「ほんとうに馬鹿馬鹿しくなってくる感じだ」などといった主観まるだしの言葉を文中に投げ入れたりするようでは、論文を書こうとする人間の基本姿勢が疑われます。なぜか。それは何よりも客観性を大切にしなければならない論文の記述だからです。

　どす黒い感情、底抜けに明るい態度、幾千万の大衆、お役所仕事、前向きの回答、遠い過去、好人物……日ごろ使っている何気ない修飾語や修飾的な表現のなかにも論文に採用するのには適当でない言葉があります。書き手の印象だけによりかかった表現は避けたほうがよいのです。論文、レポート、小論文を執筆する際はもっと具体性のある表現に書き換えることです。

　話し言葉を使うのも無神経のそしりを受けかねません。客観的なデータをもとに、論じていることの根拠をひとつひとつ明確に示し、理詰めで結論へもっていく、そのような論文の記述に話し言葉

漢字に強くなろう
　・つとめる（主役を務める、議長を務める、会社に勤める）
　・とける（砂糖が水に溶ける、雪を溶かして水にする、雪解け、氷が解ける、難問を解く）

はなじまないからです。それほどに客観性が重んじられるのが論文です。言葉を慎重に選び抜いて使わなければいけません。いうまでもないことですが、いわゆる若者言葉として同世代の間だけに流通する言葉（ぶっちゃけ、マジ、あたし的には、なにげに）、それにデパチカ、デジカメといった短縮語なども感心しません。

よく指摘される例ですが、大学院生が日本経済や日本文化を論じて「わが国は」などと書きます。それも不適当なのです。論者は中立、公平、あくまで第三者の立場を貫いて客観的に論評するわけですから、ここは「日本は」「日本国は」とすべきなのです。「われわれ」などという記述もみかけますが、いったい、「われわれ」とは何なのか、どこの誰を指して言っているのか、と必ず指導教員に聞かれるはずです。定義があいまいな記述も論文の客観性を傷つけます。

本書ページ下の欄でも一部を紹介していますが、文化庁は、「流れに棹さす」「確信犯」「気が置けない」「奇特」などという言葉を、若者たちが知らないだけでなく、逆の意味にとり違えていた、と報告しています。2003年に実施した世論調査にもとづく発表ですが、その前年の調査では若者は「けんもほろろ」「つとに」などの用法も知らなかった、と明らかにしています。一方で、気取って、ふだん使ったこともない言葉を無理して使う人がいますが、なじみのない言葉を使うのはケガのもとです。

用語（誤って使われる率の高い言葉）

さきに述べた著者たちの研究グループの調査で、誤字につながり

漢字に強くなろう
・とる（栄養を取る、汚れを取る、メモを取る、取っ組み合い、生け捕る、虫を捕る、決を採る、キノコ採り、指揮を執る、式を執り行う、ビデオを撮る）

やすい言葉が相当数みつかっています。とりわけ同音異義語の取り違えが目立ちます。この代表的なものを抜き出して、ページ下の付録に収録してみました。目を通しておいてください。同じ誤りを二度しないように気をつけることです。

用語（使い分けの例）
　①パソコンのソクセイ講座に通っている。キュウリのソクセイ栽培にも成功した。
　②政府は関税をヒキアゲタ。警察は海中から車をヒキアゲタ。
　③債務のケッサイ。財務相のケッサイ。
　以上の三つの同音異義語をきちんと書き分けられますか。順番にしたがって正答を記せば、速成と促成、引き上げたと引き揚げた、決済と決裁です。同音異義語が多いのが日本語の特徴である以上、誤用で恥をかく恐れがいつもつきまといます。とくにパソコンで文章をつくることが多くなったいま、変換ミスの確率が非常に高くなっています。面倒くさがらずに辞書をひくことに尽きます。

（7）手紙・電子メールの要注意事項

〈手紙〉
決まりごと
　冠婚葬祭のしきたりを書いたマニュアル本やいわゆるマナー本

漢字に強くなろう
・なおす（書き直す、出直す、傷を治す、病気が治る）
・なく（泣き明かす、泣き虫、鳴き渡る、鳴き真似）
・のぼる（階段を上る、話題に上る、演壇に登る、うなぎ登り）

は、必ずといってよいほど、手紙の書き方指導のページを載せています。日本人すべてがこの種の本の記載どおりに手紙を書くようになったとしたら、非個性的で味気なく、その画一主義は醜悪でさえありますが、しかし半面、世の中の慣行といってよいものですから、まったく無視してしまうのも乱暴にすぎるといわれかねません。

若い人びとは、古めかしいあいさつ言葉などにいつまでもしがみついていないで、時代のテンポに合った、無駄のない、つまりは効率のよい、もっとさわやかなイメージを盛った、新しい発信の仕方を生み出したらよいと著者などは思うのですが、儀礼の分野にはそうそう新風は吹きません。年長者、未知の人には要注意ということになります。ここはひとまず「型」として覚えておき、それをもとに自分流を開発していくということなのでしょう。あいさつ言葉の決まりのところを間違えて、年配の人に笑われたりするのは、やはり、愉快ではない。マスターしておくほうが賢明、ということになりそうです。

知っておくべきことは、そう多くはありません。

まず、頭語と結語の組み合わせです。頭語とは冒頭のあいさつ部分をいいます。使われる頻度の高いのが「拝啓」でしょう。これは、「つつしんで申し上げる」の意味です。結語というのは手紙文の最後におくあいさつの言葉で、頭語と結語には決まった組み合わせがあります。「拝啓」の場合は「敬具」（つつしんで申しましたの意）で終わります。あとは「謹啓－謹白」「前略－草々（怱々、匆々）」「冠省－不一」などの組み合わせを知っておけば十分ではないでしょうか。

5. 手引き

漢字に強くなろう
・はえる（紅葉の色が映える、夕映え、優勝に栄える）
・はかる（タイミングを計る、利益を計る、真意を測る、血圧を測る、目方を量る、審議会に諮る、暗殺を謀る）

ついでにいうなら、マニュアル本やマナー本には「ようやく春めいてまいりましたが」「秋も深まってまいりました」などの例文を載せ、手紙の書き出しの表現を教えてくれる親切な記述が目につきます。しかし、こんな常套語によりかかるようでは心の通った文章は書けません。自分らしさのあふれた、個性的な手紙を書こうとする努力を忘れてはなりません。

決まりごとというほどのものではありませんが、手紙に関しては、次の5点も覚えておいたほうがよいでしょう。

①手紙文の終わり方は一律でありませんが、縦書きの場合、まず行の中央あたりに発信月日、次の行の最下部に自分の氏名、さらにその次の行の上部に手紙の宛先になる人の氏名を書くのが一般的です。宛先、月日、差出人氏名という逆の順番もあり、こう書いて別に失礼ということにはなりません。いずれにせよ名前は宛先、差出人ともフル・ネームにします。

あたりまえですが、宛先の氏名には敬称が必要です。ほとんどの場合、「様」を使います。「殿」というのもありますが、これはふつう、○○小学校長×山×太郎殿、○○省人事課長×島×夫殿というふうに職名、役職名が付いたときの用法とされています。ただ堅苦しいだけでなく、若者が年上の人に宛てて書く呼称としては相手に抵抗感を呼び起こす可能性もあります。避けたほうがよいでしょう。ここでは、「殿」とはこういうケースで使うのだと知っておくだけで十分に思われます。

②本文を書きあげたあと、書き忘れたこと、さらに書き足しておきたいことがあるのに気づいた場合、行を改めて、「追伸」と書き、

(7) 手紙・電子メールの要注意事項

漢字に強くなろう
・はじめる（年の初め、物事の初め、練習を始める、手始め、仕事始め）
※初は主として時間に関連する名詞につく。始は主として動詞、あるいはモノに関する名詞につく。

要件を短くまとめてそれにつづけます。

　③親しい友人や身近な肉親は別にして、手紙には話し言葉は使わないほうがよいでしょう。馴れ馴れしい感じが強く出すぎて、相手に不快感を与えることがあります。

　④先方から返信用封筒入りで返事を求めてくる場合があります。その封筒の送り先に「○○○○行」と書かれていたとします。その「行」を「様」もしくは「御中」に書き直して出すことも覚えておいたほうがよいでしょう。気配りが相手に伝わります。「様」は個人宛てのとき、「御中（おんちゅう）」は企業や学校、役所、団体など機関・組織宛ての文書のときに使います。

　⑤やはり返信についてですが、結婚式や各種パーティの招待状、案内状に同封された出欠通知の返信用はがきにはよく「御出席（ご出席）」「御欠席（ご欠席）」「御芳名（ご芳名）」などと印刷されているのがあります。この「御（ご）」を斜線で消すのもたしなみとされています。謙譲の気持ちをあらわすわけです。

手紙を書く心構え

　手紙を書こうとするからには、相手に伝えようとする用件があるはずです。本書の冒頭（1. 文をつくる基本）で述べたように、「メッセージの伝達」ができていなければその手紙はまるきり用をなさなかったことになります。自分の近況報告や相手の近況を尋ねる文、祝いごとの通知、転居のあいさつ、頼みごと、釈明と謝罪、逆に抗議・謝罪要求など怒りを含んだ通告など、伝えるべきメッセージにはいろいろあるでしょうが、当然のことながら、こちらの言

漢字に強くなろう
- はやい（時刻を早める、気が早い、呼吸が速い、決断が速い）
- ひく（辞書を引く、注意を引く、ピアノを弾く）
- ふえる（借金が増える、人数を増やす、家畜を殖やす）

おうとしていることが相手に理解してもらえなかったとしたら、それは書いただけ無駄という結果に終わります。ですから、心構えの第一は、メッセージを相手に正確に伝えるということ、それです。

しかし、誤解のないように伝えただけでは、手紙としてはまだ不十分なのです。そこが、手紙の難しさです。ここのところをよく考えてほしいのです。

気をつけるべき第二の点は、相手がこちらのもち出した用件を受け入れる気分になってくれるような工夫のある手紙でなければいけない、ということになります。手紙を読んで喜んでくれるのが一番ですが、そこまでいかなくとも、信頼してくれる、友好的な気持ちになってくれる状況をつくり出す中身であることが必要になります。書き手と読み手の関係がもっと悪くなっている場合、謝罪や抗議の手紙を出すときでも、相手がまあ聞くだけは聞いてやろうかと思ってくれるような文面にするよう、表現に心を砕かなければなりません。「信頼の醸成」と呼ぶべき課題です。

この二つのハードルを乗り越えて、はじめて手紙はコミュニケーションの道具としての役割を果たしたことになるのです。

「信頼醸成」のモデル作品

次に学生が書いた手紙を紹介します。大学3年生になっての夏休み前、母校の中学の校長先生に「教育実習生として受け入れてもらえないか」と頼み込む趣旨の手紙です。

漢字に強くなろう
・ふく（風が吹き出す、吹きだまり、汗が噴き出す、汁が噴きこぼれる）
・ふるう（腕を振るう、事業が振るわない、精神を奮い起こす、奮って参加、身震い、声を震わせる）

木々の葉が日ごとに濃さを増してまいります。涼やかな音をたてて流れるオトギ川を包む深い緑を思いおこしながら、この手紙を書いております。谷山先生、お元気でお過ごしでしょうか。

　夏休みに入ってすぐ催される母校の泊まり込みの自然体験学習。大きな麦ワラ帽子をかぶって、釣り竿を肩に、いつも生徒たちの先頭に立って村道を登っていらした校長先生のお姿を追ったのが、つい昨日のことのように思われます。

　ご記憶でしょうか。私は平成〇〇年に雪見中学を卒業しました山野里美です。現在は東京の緑陰大学文学部英文学科３年に在籍しております。きょうはお願いがありまして、この手紙を書きました。

　端的に申しますと、今年の夏休み前、母校で教職の免許を取るための教育実習をしたいとの希望をもっております。卒業生ということで特別のご配慮をいただくわけにはいかないものでしょうか。お受け入れくださるなら、こんなに嬉しいことはありません。校長先生のお力添えをぜひ頂戴したく、お願い申し上げる次第です。

　未熟ですが、情熱は人一倍持っているつもりです。中学の後輩たちとは１年生との間でも、わずか７歳しか年が離れていません。人生経験が浅いといわれそうですが、逆に、その若さは後輩たちの悩みや迷いを素直に聞いてあげられる武器に役立てられるのではないでしょうか。姉妹のような気持ちになって、相談相手になりながら、一緒に学んでいく、そのことには自信があります。

5. 手引き

漢字に強くなろう
・まわる（回り込む、身の回り、家の周り、池の周りを回る）
・みる（調子を見る、面倒を見る、患者を診る）
※看る、診る、視るなどは「かな書き」のほうがよい。

先生、どうか、私の希望をお聞き入れ下さい。私にチャンスをお与え下さい。心からのお願いです。
　緑陰大学からは別便で校長先生宛てに依頼書とお書き入れいただく承諾書とが届くはずになっております。その締め切りは6月20日だそうです。なにとぞよろしくお願い申し上げます。

　　　　　平成○○年6月1日
　　　　　　　　　　　　　　　　　　　　　　山野里美

雪見中学校長
　　谷山清先生

［例文5-4］

(7) 手紙・電子メールの要注意・事項

依頼文を書くコツ

　よくできた手紙だと評価してよいのではないでしょうか。依頼文で難しいのは書く分量です。文が短かすぎて説明が足りなかったり、反対に、くどくどと要求ばかりを並べたてて冗長になったりするものが多いのですが、このモデル作品は合格です。この種の頼みごとを書くのには、便箋2枚半ぐらいというのはちょうどよい分量に思われます。

　内容はどうでしょうか。自分は何者であるか。何を頼もうとしているのか。その依頼について、本人はどのぐらいの熱意、どのぐらいの切実さをもって書いているのか。許容してくれる場合、さしあたりは先方に何をしてもらいたいと望んでいるのか。多すぎず、少

漢字に強くなろう
・めいずる（退場を命ずる、課長を命ずる、失敗を肝に銘ずる）
・もと（一定の条件の下で、法の下に平等、混乱の元、のど元、本をただせば、本歌、資料に基づく）

なすぎず、必要なことが漏れなく順序よく書かれています。先に述べた第一の要素「メッセージの伝達」についてはまったく問題はありません。

著者が評価するのは、第二の要素である「信頼の醸成」が実に巧みに表現されている点です。あなたがたが学ぶべきものがここにあります。

モデル作品はまず書き出しにさりげなく「故郷の川」をもち出して、自分が同郷の人間であり、しかも教え子の一人であることを読み手にしっかりと印象づけています。わざとらしくなく、おしつけがましくもなく、たいへん上手に書きすすめています。秀逸と褒め称えたいのが、それにつづく釣り竿をかついだ麦ワラ帽子の校長先生の描写です。「ああ、この子は、卒業してから5年もたったのに、いまなお私のことを思っていてくれたのか」。校長先生が嬉しくないはずはない。よし、この子の頼みを聞き入れてやろうじゃないか、となります。「信頼醸成」とは、こういう表現があってはじめて実るものなのです。みえすいたお世辞では逆効果でしょう。だから、難しいのです。

もう一つ、見逃せない箇所があります。この手紙の主は「未熟だが、私には、生徒と気持ちを通わせることのできる若さがある」と胸を張って述べています。ここが、たいへんよい。へんに遠慮して「私は未熟だし、自信もない」などと迫力を欠く書き方をしていたなら、校長の対応も変わって「なんだ、ずいぶん消極的な子なんだな。やる気満々の学生が別にいたじゃないか。そっちのほうを採ることにしよう」となりかねません。頼みごとをする手紙なのです。

漢字に強くなろう
・やすい（物価が安い、心安い、扱い易い）
※易いは「かな書き」のほうがよい。
・やぶれる（秩序が破れる、破れ太鼓、戦いに敗れる、敗れ去る）

いいかげんな態度ではいけません。自信のあるところをみせるのでなければ、他人の心を動かすことはできないのです。

敬語の使い方

あなたは学生なのです。敬語の使い方については、この程度でよいのではないでしょうか。世間には口うるさい人々がおおぜいいて、相手が校長なのだからもっとへりくだって書けなどと言い、「お元気にお過ごしでございましょうか」「この手紙を差し上げる次第でございます」「（チャンスを）お与えくださいませんでしょうか」などと直そうとするかもしれません。しかし、いま、敬語の使用は減る傾向にあります。慣れない言葉で厚化粧するよりは、自分の誠意が伝わる表現に神経を使ったほうが効果的だと考えます。

手紙の項はこれで終わります。最後に、いわずもがなのアドバイスを一つ——手紙を書き上げたら、最低二度は読み返すこと。誤字があったり、文字が抜け落ちていたりすると、それだけであなたの真剣さが壊れてしまいます。

〈電子メール〉

電子メールの怖さ

「高度情報化社会」という言葉がまさに目の前に広がっています。そのことを実感させてくれるのが電子メール（ｅメール）です。コミック雑誌が以前ほど売れなくなったのは携帯電話の普及が原因とされていますが、なるほど、電車に乗っている中年以下の人びとを

漢字に強くなろう
・やわらかい（柔らかな発想、体が柔らかい、軟らかい文章）
・よる（寄り集まる、寄り倒す、選り好み、拠りどころ）
※選る、依る、拠るなどは「かな書き」のほうがよい。

見る限り、半数近くが携帯片手にパチパチとやっています。

おびただしい交信の量です。しかし、パソコンや携帯電話を使って交わされる会話のすべてが、文明の発達に見合って、人びとのコミュニケーション活動に豊かな実りを与えてくれているとは必ずしも言いきれないように思われるのです。メールというものの特性を考えずに、ただその便利さだけによりかかっていると、手痛い失敗を重ねます。まず、そのことを知ろうとしなければなりません。

では、メールの発信に際しては、何に気をつけるべきか。実は、その答えは、前項の「手紙を書く心構え」に記した注意事項とまったく変わらないのです。メッセージを正確に伝えること、そして「信頼の醸成」、つまりは、読んでくれる相手の状況を思いやって、不快な気持ちにさせないよう、情理を尽くした文章を書くことの2点にしぼられます。

そこで問題になるのが、メールを届ける相手に対する気配りの欠如です。電子メールの長所はその簡便さにあります。相手がメールアドレスをもっていさえすればどこにでも送信が可能ですし、また手紙とは比較にならない速さでメッセージを届けることもできます。コストも安い。みなが寝静まった深夜に送っても、就寝中の相手を起こしてしまったり、周囲に騒音をまきちらしたりする心配がない。しかし、その簡便さに実は落とし穴があるのかもしれないのです。

とくに若い人びとの間にみられる傾向ですが、電子メールは話し言葉のフィーリングで交信されます。「情理を尽くす」というところがどうしても軽く扱われてしまいます。手軽なコミュニケーショ

5. 手引き

漢字に強くなろう
・わかれる（道が二つに分かれる、生死の分かれ目、生き別れ、仲間と別れ別れになる、別れ話）
・わく（議論が沸く、歓声が沸きあがる、拍手が湧く）

ンのツールということに幻惑されてなのか、キーを打っていると、何か親しい間柄だけでまかり通る、仲間うちだけの交信のツールに思えてくるようなのです。そこに危ういものがひそんでいます。

不和の火ダネ振りまくメールも

いま、ここで、「親しき中にも礼儀あり」などと説教じみたことを述べるつもりはありません。むしろ、コミュニケーションの実態に即して考えてみることが大切に思われます。メールを出すにあたって気をつけなければならないのは、電子メールは文字を使うコミュニケーションだ、という確認です。そのことに鈍感でいると、トラブルのもとになりかねないのです。

ふつうに考えて、文字に書かれた言葉は残るのだということは誰にもわかることです。同時に、仲間うちの、いつものノリで、相手を少々からかってみたり、言いたい放題を言って友人をちょっぴり批判したりすることもよくあることです。友だち同士が顔と顔をつき合わせてしゃべっているとき、親しい間柄なのですから、感情の行き違いはまず起こり得ません。

しかし、同じ時間、同じ場所にいたのではない場合、事情は大いに変わってきます。たとえば、こういう交信を仮想してみましょう。

発信者のA子がB子宛てに勝手放題を書いたとします。つい2時間前にキャンパスでじゃれあった調子そのままで、メールを送ります。さして中身のない話ですが、「あんたって、オトコ運悪いよねえ」などと無駄口を叩いたのでした。A子はいつものジョークのつ

もりです。親友がどんな気持ちでその電文を読むかなど、気にも止めない。やすらかに、眠ってしまう。夜遅く、独り暮らしのアパートに戻ってきたB子はというと、彼といさかいを起こして目を泣きはらしている。そこへA子の電文を見たものだから血が逆流した。すぐに携帯で「あんたなんかと、もう、つきあわないよ」と打ち返す。かくて二人の仲は決裂、ということに。

　ここに問題が浮かび上がります。同時性の通信という印象の強い電子メールですが、それは錯覚というべきで、メールは電話よりはるかに手紙に近いツールなのだ、ということです。メッセージを手にしている時間と場所、状況が違うのですから、相手が自分の書いたときの気分と同じでいるわけがないのです。それに、一度送ってしまったら訂正はききません。そこも手紙と共通しています。また、話し言葉でのやりとりは親密さを増すのに効果的ですが、不用意な言い方をしてトラブルを招く可能性を倍加させます。

メールは難しい、そのことの確認

　すでに述べたことですが、メールの特性はその効率のよさにあります。用件を伝えるのにこれほど簡便なツールはほかにありません。本来が事務、業務、作業上の必要が生み出したコミュニケーション手段であっただけに、回りくどい表現を退け、簡潔に述べることを生命にしています。「拝啓、早春の候……」などと始める紋切り型の書状をあざわらうかのように、単刀直入、用件をぶつけるところからメッセージの伝達にかかります。その率直さ、その速さが強みなのです。

ただ、普及してまだ日の浅いコミュニケーション手段であることが大きく作用して、メールについての対応の仕方がまだ世間に定着していません。時候の挨拶抜きで仕事の注文をしてくるのは失礼だと考える人もいれば、一切の敬語を省いてこそのメールだと信じて他人にもそれを要求しようとする人も一方にはいるのです。相手の心情、性格によって文章のつくり方を考えなければならないような難しさがメールにはつきまとうのです。

　しかも、長ったらしい、もって回った言い方を受けつけようとしないコミュニケーション手段なのですから、メッセージはいきおい短い文になります。限られた文字数で用件を正確に伝え、しかも相手によって文のスタイルを変えなければならないというのですから、これほど難しいものはないのです。

　A子とB子の間に起きたトラブルの例は、仕事のうえでのメールのやりとりとは一見まったく無縁のもののようですが、このケースでも、二人が手紙を書くときのような慎重さを保っていたならば、悲劇的な結末にはならなかったはずです。A子が電子メールは文字のツールなのだということをよくわきまえ、仲良し同士の悪ふざけは顔を合わしているときにだけ有効なのだということもよく知っていたなら、衝突の火ダネを振りまくことはなかったでしょう。B子も深夜に読んだメールに切れて、即座に絶交を宣言する返電を打ってしまっている。「あした、もう一回、考えてみるさ」と判断を先に延ばしてみる心のゆとりに欠けていました。メールは取り消しのきかない、こわい道具なのです。

　簡便なツールと書きましたが、電子メールを甘くみるのは間違い

(7) 手紙・電子メールの要注意事項

でしょう。文字を使うツールなのです。扱いに慎重さが求められます。短い文です。短い文章ほど実は表現に工夫が要るのです。

〈エントリーシート〉
就職試験、最初の関門

「エントリーシートって言葉、初耳です。何なの、それって」という人がいても不思議ではありません。しかし、あなた方にも遠からず、これが悩みのタネになるときがくるのではないでしょうか。エントリーシートとは、企業が就職希望者に書かせる質問形式の提出書類のことです。いま就職活動に入っている先輩たちは、この用紙を前に、たぶん四苦八苦しているはずです。

企業がエントリーシートの提出を求めるようになったのは、インターネットが学生の間でも広く使われるようになった1990年代の終わりごろからです。高度情報化社会が生み出した選考形態といえるのでしょう。そのエントリートシートが採用試験の際にどのように役立てられるかについては、ほとんど企業秘密に近い扱いになっていて、公表される例はマレです。それでも卒業生たちの体験談や彼らが就職活動のなかで得た情報を聞けばおおよそのことはわかります。それによると、500人を超える規模で志望者が押しかけるような企業の場合は、履歴書とエントリーシートの書類審査だけで、半数ほどを振るい落としてしまうケースが多いのだそうです。エントリーシートがどんなに大事なものかがわかるはずです。

「参考資料にするだけ」と説明している企業もありますが、この場合の「参考」とは面接試験の際に活用するとの意味でしょう。会

社の人事担当者は面接試験場で学生たちが書いたエントリーシートを机の上に広げ、あれこれ質問を浴びせてくるはずです。いずれにせよ、エントリーシートの提出は就職試験の最初のハードルです。ただの申し込み用紙じゃないかと甘くみて、手抜きの目立つ文章を送りつけたりすると、予選通過ができずに門前払いという不快な体験をする可能性が大いにあります。

テーマ、出題傾向

どのような質問が出るのかというと、「あなたの長所、短所を教えてください」「あなたの性格を知りたい。あなたの友人たちはあなたをどのようにみていますか」などというものが多く、これが第一の定番といってよい設問です。もう一つの定番は「わが社を志望したのはなぜか。その理由を述べてください」「この業界をあなたが選んだ理由は何でしょうか」「仮に当社に入社したとして、あなたはどのような面で社業に貢献してくれるのでしょうか」などです。第三の型は志望者の学生時代にかかわることを聞き出そうとする質問で、「大学生になってからこれまでの間、もっとも感動したことを書きなさい」「いままでに出会ったなかで、自分に大きな影響力を与えてくれたと思う人物を一人だけ取り上げ、その人について述べなさい」などがあります。

第一の型は、自己アピールをさせ、どれだけ自分を客観視できているかをみきわめながら、その人間の積極性、説得力、リーダーシップなど自己表現の能力を試そうとしています。「かんたん、簡単、楽勝だ」などという声がすぐに聞こえてきそうですが、ちょっと立

ち止まって考える必要がありそうです。あなたの性格を述べてみてくださいと尋ねておきながら、手前勝手な思い込みだけで語った自己診断はノー・サンキューだよとはねつけ、友人の評を通して自分を語れ、と要求しているのです。簡単、簡単などと短絡した考えですぐ走り出すような人間を冷酷に排除してしまう仕掛けが、そこに働いています。

　第二群の問いは、プロとしての成長が期待できる人間かどうかを見抜こうとしています。しかし、これも浅く薄い答えで合格にしてくれるほどヤワな攻め方はしていません。仮にそれが流通関係の企業であったならば、うちは顧客の動向をしっかりとつかんで戦略を立てていくような人間がほしいのだ、消費者の立場からの発想で具体的な提言をしてくれるような学生がいたらすぐにも採用したいのだよ、との求人側からのラブコールがそこに響いているはずです。銀行はいま、内外の批判を浴び、嵐のなかにいるかのようです。幹部の多くは、旧来のイメージとは正反対に近い、進取の精神に富んだ、逆境に強い人間を採りたいと願っているのではないでしょうか。そのことに鈍感で、「私は慎重でミスを犯さないタイプの人間だから、絶対に金融の世界に向いていると思う」などと記すようでは、まずい結果になりかねません。そこが考えどころです。

　最後の型はそのものずばり、志望者の性格を診断する設問です。明朗である、素直だ、積極的、協調性が認められる、ファイト満々じゃないか、リーダーシップに富んでいるかもしれないな……人事担当者がエントリーシートを前に置いてわいわいと品定めをしている光景が容易に想像できます。人柄を売る。相手に認めさせる。そ

5. 手引き

ういう文章が必要になります。自己宣伝なんて嫌だと思う人もいるでしょうが、就職活動というものはいくら言葉を飾って別な意味づけをしようとしても、結局は、自分をいかに売り込むか、どのようにセールスするかの競争のようなものなのです。採用試験に失敗したからといって自分自身で自分の人格を否定してしまうのは愚かな所業だとしても、自己表現のハードルを前に挑戦をためらうようでは困ります。

自己PRの一例

　定番の第一群に分類される出題を想定して、次に例文を示します。「あなたの友人たちはあなたをどのようみていますか」という自分の性格について語る設問です。すでに述べたように、これは意外に難しい。エントリーシートを書くコツをここから学びとってほしいのです。

　ノンちゃん、とみなが呼ぶ。なぜか、中、高校、大学と、この呼び名は変わらない。**本名が伸子だからなのだが、大学のソフトボール同好会の先輩たちは高校までのことを知らないはずなのに、最初から私をノンちゃんと呼びだした。**

　合宿では、食べ終わるのが一番遅い。みなが席をたっても、あと30分ぐらいはモグモグやっている。練習も最後にあがるのは決まって私だ。のん気なノンちゃんということらしい。のろまのノンちゃんなのかもしれない。

> わがチームの今シーズンの成績は5勝1敗。自慢させていただくなら、勝ちゲームの決勝点はみな4番打者の私が叩き出したものだった。いつも最終回に暴れる。「ノンちゃん、もっと早い回に打ってくれないか」。コーチもあきれて、そう言う。　　　　　　　　　　［例文5-5］

　この伸子さんのエントリーシートは、読んでいて実に楽しい。何といっても文章がよい。話が具体的に書かれているので、仲間と心を通わす情景まで読み手に素直に伝わってくる。でも、一番すばらしいと思うのは自己ＰＲが自然にできているところです。一見、自分はグズで、のろまで、鈍な人間だと言っているふうで、そうでない。へりくだった書き方で謙虚な人柄を印象づけながら、自分はチームの大黒柱であって、人気者でもあることを抜かりなく（そして、嫌味なく）文に盛っているではありませんか。そこがポイントです。

　そもそも、エントリーシートとは、どのようなものであったか。そこを考えてみてください。企業がその人の文章を読むことで、志望者の人柄や能力（可能性、潜在能力）についておおよそのことをつかもうとする、そのような文書なのです。この学生を面接に呼ぼうか、それとも落としてしまおうか。企業のなかには、その判定材料に使うところもあるのです。ということは、学生の立場からいうなら、企業の人事担当者に「この学生には会ってみたい」と思わせるような文をつくることなのです。伸子さんが書いたシートはそのハードルをみごとに跳び越えた、魅力に満ちた内容のものでした。

こういう出題で一番損な書き方は、友人の話をただ並べただけの文章です。たとえば、このような記述です。
　「一人の友は『明るい』と言ってくれた。もう一人は『責任感が強い』と評した。さらに別な友人は『おっちょこちょいだ』と笑う。みんなの言う通りなのでしょう。自分のことは自分にはわからないものです」。本人はおおまじめに書いているのですが、どこにでもありそうな商店街を歩いて、どんなところにもある看板を見せられているのと同じで、なんの感興も覚えません。書いていることに中身がないからです。快活、素直、明朗、誰からも好かれる、積極的、リーダーらしいリーダーなどという言葉をいくら並べても、書いた人間のほんとうの姿は読み手に伝わってこないのです。当然、評価は低くなります。

注意7項目

　エントリーシートの制限字数には非常に幅があって、250字から400字というところです。伸子さんの例文は約360字でした。

　以下、エントリーシートを書くときの注意事項を列記します。これらを参考にして一度、モデル原稿を書いてみることをすすめます。

1. もともとが自己PRの文書なのだ。自分を上手に売り込め。控えめに書いても誰もその謙虚さを評価してくれない。
2. 企業側に「会ってみようか」と思わせる文をつくる。具体的な例を取り上げ、相手に強く印象づける書き方をする。

3. 簡潔に書く。短い文章ほど内容が濃くなければいけない（本書の「文をつくる基本 (2)」を参照）。
4. 絶対に嘘を書かない。自分を飾りたてようと誇大宣伝をしても面接で露見し、失格となる。
5. 企業が指定した書式を守る。各社とも工夫を重ねて整理しやすい形式を開発しているのだ。それに逆らってはいけない。分量が多く、はみ出したら減点、という社もある。
6. 与えられた用紙に書くわけだが、余白を多く残すのもまずい。指定の字数を大幅に下回るようでは、やる気を疑われる。
7. 試験場で書く答案とは違うのだ。読み返しがきく。辞書を引く時間もたっぷりある。提出するまでに二度、三度と読みなおし、誤字・脱字をチェックする（推敲）。そのあと、友人に点検してもらうぐらいの熱意がほしい。

索引

あ
アウトライン　55, 57
アンケート調査　101
一次資料　102
イメージの共有　11, 15
因果関係　51, 74
インターネット　119
　　──学術情報インデックス
　　124
Infomine　124
引用　53, 64, 75, 87, 107, 115, 118
Webcat　124
演習(ゼミ)　69
エントリーシート　142-147

か
改行　13
仮説　73
課題作文　19
課題小論文　19
カッコ　97
加藤秀俊　47
唐沢孝一　80
『カラスはどれほど賢いか』　80
考える　41
漢字　15, 126
間接引用　108
感想文　38
起承転結　39, 49
客観的　22, 39, 65
句点　14

句読点　14, 96
組み立て　48
敬語　137
結論　53
権威　74
研究論文　20
原稿用紙　63, 72, 89
　　──ウィザード　93
検索(サーチ)エンジン　121
国立情報学研究所情報サービス
　　123
誤字　125
5W1H　4, 49
『ことばを失った若者たち』　109
コピー　63
コミュニケート　43
コロン　98
コンピューター検索システム　101

さ
作文　19, 20, 38
桜井哲夫　109
雑誌記事索引データベース　124
サブテーマ　83
CD-ROM　101
自己PR　146
事前調査　100
『社会調査の基礎』　101
『社会調査ハンドブック』　101
重文　7
主観的　65
主語と述語　4

149

『取材学―探究の方法』　47
主旨　56, 80
主題　13, 29
主題文　46, 51, 61
出典　108
小論文　19, 20, 21, 127
序論　80
序論、本論、結論　24, 72, 76, 79
信頼の醸成　133, 136, 138
推敲　18, 66, 148
推論　74
卒業論文　69

た
ダッシュ　97
知的財産　105
注記　75, 87, 115
直接引用　108
著作権　54, 105
　　――侵害　106
　　――法　63
著作者人格権侵害　106
である・だ　39
データ　25, 28, 31
テーマ　29, 46, 51, 72, 98
です・ます　39
電子メール　67
同音異義語　129
盗作　63
読点　14
図書館　100
　　――相互貸し出し制度　101
図書検索　119
トピック・センテンス　30, 51, 61, 83
ドラッグ・アンド・ドロップ　63

な
中黒　96
中見出し　77

二次資料　102
『人間科学研究法ハンドブック』　101
ノートブック　103

は
パラグラフ　13, 43, 49, 83
半角文字　92, 95
万国著作権条約　107
表計算ソフト　77
描写　3
剽窃　108
表題　76
ファイルケース　103
フィールドワーク　101
複合文　7
複製　107
複文　7
ブック・レポート　67
付録　78
フロッピー　67
文献目録　87
文章構成　48
「ヘイトクライム[憎悪犯罪]規正法とその問題点」　115
ページ設定　72
ベルヌ条約　107
変換ミス　129
編集　50
ホームページ　119
補足説明　61
本論　51

ま
前書き　25, 31
前嶋和弘　115
『マス・コミュニケーションの調査研究法』　101
結び　31
目次　76

問題意識　46, 81
問題提起　21, 46

や
野外調査　101

ら
リーダー　97
リサーチ　38, 47, 100
　——・ペーパー　37
類推　51
レイアウト　78
レジュメ　44
レトリック　39

レファレンス・ブックス　100
レポート　37
　——用紙　63, 92
論証　22, 34, 51, 73
論点　28, 42, 55, 83
論の展開　23, 24
論文　20, 38
論理性　24
論理的　21, 39

わ
ワープロ　67, 72, 78, 93
　——用紙　63

[著者紹介]

為田英一郎（ためだ　えいいちろう）
1960年　東北大学文学部社会学科卒業
専攻　情報論、ジャーナリズム、文章表現法
　　　新見公立短期大学非常勤講師
主要著作『ニューヨーク人間模様』
　　　　『韓国――沈黙の底で』
　　　　『情報の一極主義とアジア世界』（共著）他

吉田健正（よしだ　けんせい）
1971年　ミズリー大学大学院修了
専攻　カナダ研究、沖縄研究、ジャーナリズム
　　　元桜美林大学国際学部教授
主要著作『カナダ―20世紀の歩み』
　　　　『国際平和維持活動―ミドルパワー・カナダの国際貢献』
　　　　 Democracy Betrayed: Okinawa under U.S. Occupation（裏切られた民主主義――米国占領下の沖縄）(Center for East Asian Studies, Western Washington University) 他

文章作法入門

2004年 2月20日　初版第1刷発行　　定価はカヴァーに
2010年 3月20日　初版第6刷発行　　表示してあります。

著　者　　為田英一郎
　　　　　吉田　健正
発行者　　中西　健夫
発行所　　株式会社ナカニシヤ出版
　　　　　〒606-8161 京都市左京区一乗寺木ノ本町15番地
　　　　　　　　　　Telephone　075-723-0111
　　　　　　　　　　Facsimile　075-723-0095
　　　　　　　　Website　http://www.nakanishiya.co.jp/
　　　　　　　　E-mail　iihon-ippai@nakanishiya.co.jp
　　　　　　　　　　郵便振替　01030-0-13128

装丁＝白沢　正／印刷・製本＝ファインワークス
Printed in Japan
Copyright © 2004 by E.Tameda and K.Yoshida
ISBN978-4-88848-841-9　C0030

WORD、EXCELは米国 Microsoft Corporation の米国およびその他の国における登録商標です。
なお、本文中では、基本的にはTMおよびRマークは省略しました。